LE GRAND PERTURBATEUR

Réflexions sur la question iranienne

DU MÊME AUTEUR

L'HÉRITAGE NUCLÉAIRE, Complexe, coll. « Espace international », Bruxelles, 1997.

LA GUERRE PARFAITE, Flammarion, 1998.

POLITIQUE DU CHAOS, Editions du Seuil, coll. « La République des idées », 2002.

L'ENSAUVAGEMENT, *Le retour de la barbarie au XXIe siècle*, Grasset, 2005.

L'IRAN, LA BOMBE ET LA DÉMISSION DES NATIONS, Autrement, 2006.

THÉRÈSE DELPECH

LE GRAND PERTURBATEUR

Réflexions sur la question iranienne

BERNARD GRASSET

PARIS

ISBN 978-2-246-72161-1

« *Ce qui nous tombe dessus vient de chez nous.* »

Dicton persan.

« *Dans la vie, tout s'arrange, mais mal.* »

ALFRED CAPUS.

Lors d'une conférence à Francfort au printemps 2006, le vice-ministre iranien des Affaires étrangères a tenu ces propos devant un parterre décontenancé : « Aussi longtemps que les musulmans n'auront pas leur mot à dire dans les affaires du monde, il n'y aura pas de paix au Moyen-Orient. » L'étonnement de la salle n'est pas venu de l'évocation de tous les musulmans et non des seuls chiites – l'ayatollah Khomeiny et ses successeurs ont coutume de parler au nom de l'Islam dans son ensemble –, mais de la nature de la revendication. Quelle décision pourrait bien satisfaire une telle demande ? Un siège de membre permanent au Conseil de sécurité ? Ils sont attribués aux Etats, non aux communautés religieuses. L'acceptation d'un « Forum musulman » ? L'Organisation du Conseil islamique (OCI) joue déjà ce rôle, et on voit mal l'Iran en vanter les mérites, même s'il utilise cette instance à l'occasion. S'agirait-il de la reconnaissance d'une mission spécifique de Téhéran, représentant les musulmans comme autrefois Moscou le prolétariat ? Peut-être. Mais à quel titre, comment, et surtout qui pourrait songer à accorder cette étrange faveur à l'Iran ?

Les ambitions du régime iranien étaient devenues plus raisonnables après la terrible guerre de
huit ans avec l'Irak qui avait ruiné le pays entre
1980 et 1988, puis à nouveau au milieu des années
1990, après la tuerie du restaurant Mykonos à Berlin en 1992 et l'attentat des tours de Khobar en 1996
en Arabie Saoudite. Ces deux actes terroristes
auraient en effet pu coûter très cher à la République
islamique, impliquée au plus haut niveau au moins
dans le premier d'entre eux [1]. Mais cette période
plus « pragmatique », comme on aime souvent la
désigner dans les pays occidentaux – beaucoup
d'Iraniens se moquent ouvertement de ces distinc-
tions subtiles que l'on affectionne – a pris fin avec
les élections présidentielles de 2005. Même si la
préoccupation principale de la population iranienne
est de nature économique, surtout parmi la jeunesse
qui forme l'écrasante majorité du pays, les projets
politiques sont à nouveau grandioses. Il suffit pour
s'en convaincre d'écouter les diatribes des autorités iraniennes, ou, mieux encore, de consulter les
traductions des discours politiques prononcés à
Téhéran ou dans les autres capitales [2]. Non content

---

1. Le jugement rendu en avril 1997 dans le procès de l'attentat contre
le restaurant Mykonos a reconnu la responsabilité des autorités iraniennes : l'ex-président Rafsandjani a été placé sous mandat d'arrêt international à la suite de cette tuerie. L'arrivée au pouvoir de Mohammed
Khatami a permis à l'Iran de retrouver une position internationale plus
respectable. Quant à l'attentat des tours de Khobar, en Arabie Saoudite,
contre des cibles américaines, il a fait 19 morts et l'enquête a permis de
déterminer que la planification de l'attentat avait eu lieu en Iran.

2. Voir notamment le site internet « Memri » qui comporte des traductions non édulcorées des discours ou des déclarations des autorités
iraniennes.

de parler à l'ensemble de la communauté musulmane, l'Iran s'adresse une fois de plus à tous ceux qui ont des griefs envers «l'état du monde», laissant ainsi supposer que seul un bouleversement des relations internationales pourrait satisfaire ses attentes. C'est pourquoi les élections de décembre 2006, si défavorables qu'elles aient été à Mahmoud Ahmadinejad, ont immédiatement été suivies d'une nouvelle provocation, le 24 décembre, avec le refus catégorique des demandes unanimes du Conseil de sécurité formulées la veille dans une résolution de «chiffon de papier». Ceci n'a rien de surprenant, car c'est bien dans le domaine de la politique étrangère que le président cherche sa légitimité et qu'il pense pouvoir contrôler les événements. Les victoires inespérées que les initiatives successives de Téhéran ont remportées depuis son arrivée au pouvoir, avec la participation active des Occidentaux, témoignent selon lui de la lucidité de sa vision et de la justesse de ses attentes.

Il serait difficile de lui en faire grief. Même la résolution adoptée par le Conseil de sécurité le 23 décembre 2006, la première à imposer des sanctions à l'Iran dix mois après la transmission du dossier iranien à New York, montre de nombreux signes de faiblesse : il a fallu quatre mois aux membres permanents pour s'entendre sur un texte que la Russie n'a cessé d'affaiblir sur tous les points qui pouvaient heurter le régime, et Washington et ses alliés européens ont aussitôt reconnu l'impossibilité d'obtenir des résultats significatifs avec une stratégie aussi lente et une pression aussi molle. La gestion du temps de part et d'autre en dit long : si la résolution a été rejetée par le président Ahmadinejad dès le lendemain de son adoption, Téhéran a deux mois pour se prononcer, jusqu'au 23 février donc, sur l'acceptation ou le refus du texte. Un décalage que l'on semble affectionner depuis quelques années, avec cette différence notable que l'Iran dispose cette fois-ci d'une période deux fois plus longue qu'en mars ou en juillet 2006 pour faire connaître sa décision. A croire que l'on cherche à se rapprocher du nouvel an iranien, en mars, où d'autres annonces doivent précisément être faites par Mahmoud Ahmadinejad dans le domaine nucléaire. C'est naturellement pour Téhéran la preuve que la voie est libre, qu'on ne rencontre sur le chemin que des tigres en papier, et qu'il faut continuer dans cette direction, sans suivre les conseils de ceux qui prêchent la prudence à l'intérieur du pays. Si c'est une direction dangereuse, comme le soulignent volontiers les esprits les plus libéraux à Téhéran, les idées fausses de ceux qu'il faut bien appeler les néo-conservateurs iraniens ont été encouragées bien davantage à l'extérieur qu'à l'intérieur de l'Iran. Ils sont donc convaincus que le reste du monde a peur, qu'aucune stratégie n'existe pour les arrêter, qu'ils sont les instruments efficaces d'un plan global qui les dépasse et que les décisions qui se prennent à l'étranger – surtout celles des Etats-Unis – le sont toutes *par rapport à l'Iran.* Ils ont probablement raison sur les deux premiers points, mais ils se trompent sur les deux derniers, et leur difficulté à comprendre le monde extérieur pourrait à terme leur être fatale. Après quelles péripéties ?

Il n'a jamais été facile de comprendre l'Iran. En décembre 1856, quand fut signé le traité d'amitié et de commerce entre les Etats-Unis et la Perse, le texte s'ouvrait sur des mots qui exprimaient admirablement l'abîme culturel qui séparait les deux pays : « Le Président des Etats-Unis et sa Majesté honorée comme la planète Saturne ; le Souverain qui a pris le soleil pour modèle ; dont la splendeur et la munificence sont égales à celles des cieux ; le Souverain Sublime, le Monarque dont les armées sont aussi nombreuses que les étoiles ; dont la grandeur rappelle celle de Jeinshid ; dont la munificence égale celle de Darius ; l'Héritier de la Couronne et du Trône des Kayaniens, l'Empereur Sublime de toute la Perse ; étant tous deux également et sincèrement désireux d'établir des relations d'amitié entre les deux Gouvernements... » Depuis lors, bien des événements se sont produits : à la faveur des troubles qui suivirent la Première Guerre mondiale, les shahs Qajar ont laissé la place à la dynastie des Pahlavi, l'instauration d'une république théocratique après la révolution a succédé à cette dernière en 1979, et l'Iran a remplacé la Perse. Mais la conviction des autorités iraniennes selon laquelle l'Iran est au centre de l'univers a survécu à ces bouleversements historiques, et le monde occidental n'a cessé de commettre de grossières erreurs de jugement, la dernière en date étant naturellement de ne faire payer aucun prix digne de ce nom à la politique de Mahmoud Ahmadinejad, que les étudiants iraniens – à visage découvert – n'hésitent plus de leur côté à qualifier purement et simplement de dictateur.

Lors de son arrivée au pouvoir en 1977, Jimmy Carter avait une longue liste de sujets prioritaires pour la politique étrangère des Etats-Unis, où Téhéran n'avait aucune place. Deux ans et demi plus tard, la crise avait pris une ampleur telle entre les deux pays que le président américain devait assister chaque jour à une réunion sur les affaires iraniennes, et celles-ci lui ont finalement coûté son deuxième mandat. C'est ainsi que Ronald Reagan – qui aura ses propres déboires avec l'Iran, de nouveaux otages et un immense scandale nommé l'*Irangate* – a gagné les élections à l'automne 1980[1]. A la fin du mandat du président George W. Bush, l'Irak et non l'Iran semble encore jouer le rôle majeur au début de l'année 2007, mais qu'en sera-t-il en 2008, l'année des élections présidentielles américaines ? La crise s'aggrave sans que l'on puisse compter sur une contre-offensive efficace, alors que la dimension nucléaire lui confère une gravité sans précédent. Pour dire les choses simplement, et compte tenu des moyens

---

1. Avec le recul, la façon dont Ronald Reagan a géré sa crise des otages (7 Américains détenus au Liban) n'était en rien plus remarquable que celle dont son prédécesseur Jimmy Carter avait géré la sienne (52 Américains détenus à Téhéran). Au moins Jimmy Carter n'a-t-il pas cherché un accord déshonorant avec Téhéran, comme celui révélé le 3 novembre 1986 par la revue libanaise *Ash-Shira'a*.

balistiques dont dispose Téhéran, personne ne peut plus exclure avec l'Iran une crise qui constituerait l'équivalent pour le xxie siècle de la crise des missiles de 1962, surtout si se déroule simultanément une crise nord-coréenne. Ce pourrait être la version nucléaire des crises « asymétriques » du xxie siècle, opposant des puissances de niveau très inégal, non seulement sur les plans économique et militaire, mais surtout sur celui de la détermination, qui est un élément clef de la dissuasion nucléaire. Sommes-nous préparés à un tel scénario ? Il ne semble pas, car les dirigeants du monde occidental paraissent très peu conscients de cette possibilité, tout autant que de ses conséquences. Pour l'instant on a des soucis plus immédiats : on s'inquiète de la capacité de nuisance de l'Iran au Liban, où l'on craint de perdre des soldats si l'on est trop regardant sur le réarmement du Hezbollah, ou trop ferme sur l'interdiction pour les entreprises d'investir en Iran (l'affaire des pots-de-vin versés par Total à l'entourage de Rafsandjani, découverte par la justice suisse, devrait pourtant donner à réfléchir dans le secteur des affaires).

Comme on l'a déjà souligné, de nouvelles annonces doivent être faites à Téhéran en mars[1] 2007 sur le programme nucléaire, et il y a fort à parier que c'est sur ce terrain, où les divers clans politiques n'ont pas de réelles différences d'appréciation sur les objectifs à poursuivre, que le président cherchera à effacer les mauvais résultats

---

1. Ces annonces ont été reportées au 9 avril.

électoraux de décembre. Une partie du programme militaire demeurant fermée aux inspections internationales, il n'est guère aisé de faire des pronostics sur la nature des « avancées » qui seront rendues publiques à cette date. D'ores et déjà, cependant, on annonce la mise en place dans le désert du Néguev d'instruments destinés à détecter d'éventuels essais nucléaires iraniens. Même si ces tests n'ont pas lieu prochainement, ce qui est probable, ce dispositif fournit une indication à prendre en compte. Les difficultés des négociations sur le nucléaire iranien n'ont pas commencé avec Mahmoud Ahmadinejad, mais elles ont été sérieusement aggravées depuis que cet inconnu – du moins de tous ceux qui n'habitaient pas Téhéran dont il était maire – a été propulsé à la présidence de la République en juin 2005. Comme il prétend avoir des relations directes avec le douzième imam, dont il se dit inspiré comme son maître l'ayatollah Ruhollah Khomeiny, il est difficile de comprendre quelqu'un qui utilise des arguments de cette nature. Et le messianisme fait assez mauvais ménage avec le nucléaire, du moins si l'on a de cette arme une conception dissuasive.

Les effets politiques de la captation du religieux par le politique ne se sont pas fait attendre. Depuis août 2005, la radicalisation du régime se manifeste à l'intérieur du pays, où la chasse aux libéraux et aux laïcs est ouverte, où une centaine de professeurs ont été mis à la retraite et où les publications qui ne sont pas interdites sont soumises à une étroite censure. Mais c'est surtout à l'extérieur que les excès de Mahmoud Ahmadinejad sont devenus légendaires, depuis son apparition à l'ONU en septembre 2005, où il aurait « perçu une lumière » pendant son discours à l'Assemblée générale des Nations unies, ou son intervention au Council on Foreign Relations un an plus tard, où il a fait à New York son numéro désormais bien rodé sur la négation de l'Holocauste. Les provocations du président iranien pourraient aller dans des directions plus imprévues : le rapprochement de Téhéran et d'Al-Qaida, dont ne parlaient il y a peu qu'un petit nombre de spécialistes, fait à présent l'objet d'articles dans la presse occidentale. En principe, tout sépare Téhéran d'Al-Qaida, dont les membres sont violemment antichiites, mais une alliance tactique permettant à l'Iran de placer ses hommes au sein de l'organisation à des postes clefs peut servir des objectifs contre des adversaires communs[1]. Un autre danger est la simultanéité déjà citée de deux crises nucléaires avec Téhéran et Pyongyang, qui ont depuis quelques années une complicité active, faisant à présent craindre l'exportation de matières nucléaires de qualité militaire d'Extrême-Orient vers l'Iran.

Ceux qui cherchent à définir une stratégie à l'égard de la République islamique – dont on se demande parfois ce qu'elle a de républicain ou ce

---

1. L'ambition de Téhéran serait notamment de placer Saïf el-Adel, un Egyptien qui a passé plusieurs années en résidence surveillée à Téhéran, au poste de numéro 3 d'Al-Qaida, juste après Oussama Ben Laden et Ayman al-Zawahiri. En échange, l'Iran fournirait des armes et de l'entraînement aux membres du réseau.

qu'elle garde des principes de l'islam – pourraient méditer deux événements passés. Le premier se situe le 17 mars 2000. Pendant près de vingt ans, l'Iran avait demandé aux Etats-Unis de reconnaître leurs méfaits, en indiquant que ce serait la condition d'une amélioration des relations entre les deux pays. L'exercice n'était pas facile, mais le secrétaire d'Etat Madeleine Albright fait ce jour-là le discours tant attendu à l'Omni Shoreham Hotel de Washington. Elle insiste en particulier sur le rôle des Etats-Unis dans le renversement de Moham-mad Mossadegh en 1953 (comme s'il s'agissait là d'un héros des mollahs !), sur le soutien accordé au régime du Shah pendant vingt-cinq ans, puis sur la politique américaine pendant la guerre de 1980-1988, favorable à l'Irak de Saddam Hussein. Bref, tous les sujets de discorde se trouvent dans ce texte, et le ton va aussi loin qu'il est possible dans le sens du repentir, un genre où les Améri-cains excellent. Que croyez-vous qu'il se passât ? Quelques jours plus tard, le Guide Suprême en per-sonne, l'ayatollah Ali Khamenei, prend la parole à Mashhad devant une grande foule pour dire en sub-stance qu'il avait fallu quarante ans à l'Amérique pour confesser ses crimes. Elle avait donc menti pendant toutes ces années. Que pouvait en déduire le peuple iranien ? Et quelle était l'utilité de cette reconnaissance tardive ? Ce fut, on s'en doute, la fin des initiatives de l'administration Clinton à l'égard de Téhéran. La leçon peut être retenue dans une période où la volonté d'humilier le monde occidental est un élément clef de la poli-

tique iranienne. Javier Solana en a fait l'expérience
– pas moins de trois fois – en 2006 : le 6 juin à
Téhéran[1], le 12 juillet à Bruxelles[2], et le 27 septembre à Berlin[3]. On se souvient peut-être de la
déclaration de Mahmoud Ahmadinejad après la
troisième rencontre : « Les Européens nous ont
supplié de suspendre nos activités pendant six
mois, puis pendant trois mois, puis pendant un
mois, puis quelques jours auraient suffi, et enfin
il nous a été proposé de faire au moins une déclaration en ce sens. Mais pourquoi mentirais-je au
peuple iranien ? » En effet.

Le second événement a lieu en 1982, pendant
la guerre avec l'Irak, après la bataille de Khor-
ramshahr. Contrairement aux attentes de Saddam
Hussein, qui pensait lancer en septembre 1980 un
conflit contre l'Iran qui ne durerait pas plus de
deux semaines (toujours l'illusion des guerres
éclairs), la résistance iranienne est féroce, l'armée
irakienne se bat sans plan véritable, et au prin-

---

1. Ce jour-là, Javier Solana présente à Téhéran l'offre des cinq
membres permanents et de l'Allemagne (dite « offre des six ») au principal négociateur iranien, Ali Larijani. Il sort de son entretien confiant,
et évoque un dialogue constructif. Pendant ce temps, une nouvelle campagne de conversion commençait à Ispahan et une nouvelle campagne
d'enrichissement à Natanz.
2. Il s'agit encore d'une réunion entre Javier Solana et Ali Larijani.
Ce dernier doit apporter la réponse de Téhéran à l'offre des six, qui aurait
dû être transmise plus de deux semaines plus tôt. Il ne se donne pas même
la peine de feindre de l'intérêt pour l'offre transmise, dont il ne discute
pas un seul instant.
3. Parfois baptisée « réunion de la dernière chance », cette rencontre
de Berlin a été l'occasion pour Ali Larijani d'évoquer pendant plusieurs
heures les injustices diverses du monde. Aucune discussion n'a été possible sur d'éventuelles négociations.

temps 1982, les troupes de Saddam Hussein sont boutées hors d'Iran. L'Arabie Saoudite, qui ne pense pas qu'aux intérêts de l'Irak, propose en septembre un plan de paix, assorti de 70 milliards de dollars de réparations pour l'Iran, que Saddam accepte aussitôt. Mais pas Khomeiny. Contre l'avis de ses généraux et d'un certain nombre de membres du clergé qui comprenaient la nécessité de renforcer la révolution iranienne plutôt que de poursuivre une guerre qui avait atteint son objectif en repoussant l'ennemi hors des frontières, l'ayatollah Khomeiny refuse l'offre. Pour lui, la victoire est un signe de Dieu et il jure de continuer la guerre jusqu'à la libération de Karbala, le renversement du gouvernement irakien, et la libération de Jérusalem. Un an plus tard, les armes chimiques allaient commencer à pleuvoir sur les troupes iraniennes. Mais pendant six ans encore, jusqu'au printemps 1988, l'Iran allait se battre « jusqu'à la victoire ». En fait de victoire, il y eut 300 000 à 500 000 morts (dont 30 000 à 50 000 du fait des armes chimiques), un pays détruit, et une économie en miettes. Ce souvenir est évoqué à présent en Iran par les « pragmatistes » pour illustrer les dangers que Mahmoud Ahmadinejad, comme jadis son modèle l'ayatollah Ruhollah Khomeiny, peut faire courir au pays avec ses provocations. Un jour ou l'autre, le prix à payer pourrait être élevé. Mais Ahmadinejad semble n'en avoir cure, convaincu, comme Khomeiny, qu'il ira « jusqu'à la victoire ». C'est à voir.

Les interlocuteurs étrangers de l'Iran seraient

bien inspirés de se souvenir de ces deux épisodes avant de proposer de nouveaux compromis, comme ils sont tentés de le faire chaque fois que Téhéran refuse ce que demande l'AIEA ou le Conseil de sécurité (une conception bien étrange, soit dit en passant, du multilatéralisme). Toute nouvelle offre connaîtra le sort des précédentes, à moins qu'elle ne permette à l'Iran de poursuivre son programme nucléaire sur son sol. En effet, et quel que soit le désir de la population iranienne, beaucoup plus favorable au monde occidental qu'on ne le croit dans les capitales européennes, Téhéran ne cherche pas, ou plus, à négocier avec un Occident qu'il méprise, et dont il pense ne rien avoir à craindre. La preuve de ce désintérêt pour une vraie négociation a été fournie à maintes reprises. Quand les différentes offres des Européens ou, en juin 2006, celle des cinq membres permanents du Conseil de sécurité et de l'Allemagne, ont été présentées à Téhéran, elles n'ont jamais donné lieu à des discussions sérieuses, où l'Iran aurait par exemple cherché à obtenir autre chose ou davantage, mais à des refus sans discussion. Le seul bon usage des négociations et des pourparlers semble être pour l'Iran non de parvenir à des compromis mais de gagner du temps en recyclant régulièrement les mêmes idées quand il se trouve – rarement il est vrai – au pied du mur : la proposition russe de production du combustible nucléaire en Russie, l'installation pilote à Natanz, le consortium international sur le sol iranien, ou encore la proposion faite par le directeur général de l'AIEA en janvier 2007, qui a été immédiatement soutenue par les Russes... En fait, le seul moment où Téhéran a vraiment recherché un dialogue avec Washington, c'est en mars 2003, à l'époque de l'invasion de l'Irak. Cela n'est contesté par personne. Mais ce fut pour une seule et unique raison : le régime avait peur.

Depuis, la situation a bien changé. L'Iran a compris que l'on était prêt à tout ou presque pour reculer les échéances les plus désagréables et faire semblant de poursuivre un processus diplomatique. Les Etats-Unis eux-mêmes sont désormais dans une situation de discrédit sans précédent dans la région, et l'Iran ne croit pas, ou plus, à la possibilité d'une intervention militaire. Ce en quoi il peut se tromper, même si les bâtiments américains et britanniques qui sont arrivés en décembre 2006 dans le Golfe avaient essentiellement pour but de conforter les alliés des pays occidentaux de la région en les assurant que l'Iran ne pourrait pas se permettre de bloquer le détroit d'Ormuz. Mais les leçons tirées des deux dernières années et du conflit de l'été entre Israël et le Hezbollah confortent Téhéran dans sa volonté de conquérir la place de premier rang qui lui *revient de droit* – on pourrait même dire, en écoutant Mahmoud Ahmadinejad, *de droit divin*. Winston Churchill avait coutume de dire avec humour que le parti *tory* ressemblait davantage à un groupe de conspirateurs qu'à un parti politique. On pourrait en dire autant du gouvernement iranien, surtout depuis que le groupe Hojjatieh – dont l'ayatollah Khomeiny

avouait ouvertement qu'il redoutait les excès —
a repris des forces et des postes. L'arme nucléaire
sert à présent un objectif simple : garantir le main-
tien au pouvoir de ceux qui s'y trouvent présente-
ment, avec le soutien de l'armée et des Pasdaran.
Dans ces conditions, on se demande pourquoi rien
n'est fait pour renforcer ceux qui sont soucieux du
développement du pays, et qui craignent l'aventu-
risme d'une périlleuse fuite en avant[1]. Seules de
vraies sanctions pourraient avoir cet effet, et leur
efficacité, contrairement à ce que l'on dit souvent,
ne dépend pas de la bonne volonté des Russes et
des Chinois, car c'est de la technologie occidentale que les Iraniens ont besoin. Pourquoi ne les
décide-t-on pas ? La réponse est sans doute dans
les deux dictons qui ouvrent ce livre, et dans les
nombreuses erreurs, lâchetés et bêtises qui peuvent
en rendre compte.

Les textes qui suivent ont été rédigés entre 2003
et 2007. Ils décrivent une situation qui se détériore
au fil des mois et des ans. Jusqu'au jour où l'on ne
dispose plus d'aucune option satisfaisante parce
que l'on a trop tardé. Comme dans la chanson, le
temps perdu ne se rattrape plus. Ce dossier iranien
sera pourtant, pour les responsables politiques qui

---

1. Les déclarations n'ont pas manqué dès 2005 en Iran pour souligner
que la question nucléaire ne devrait pas être l'occasion de slogans mais
d'une action plus sage et retenue. Des voix se sont élevées pour mettre
en garde le pouvoir contre l'isolement international et ses conséquences
économiques. La chute des valeurs boursières dès l'automne 2005, l'inflation et le chômage en 2006, ont aussi montré que les intérêts natio-
naux de l'Iran étaient sacrifiés à une idéologie agressive – et régressive.
Mais ces voix n'ont trouvé aucun soutien auprès des Occidentaux.

prendront le pouvoir en France et au Royaume-Uni en 2007, et aux Etats-Unis et en Russie en 2008, un des plus importants de leur mandat. Et l'Iran risque, avec la Corée du Nord, de décider non seulement du sort du Traité de non-prolifération nucléaire (TNP), qui a tant servi la sécurité internationale au siècle passé, mais aussi, ce qui peut être plus grave encore, des règles de la dissuasion nucléaire au XXIe siècle. Celles-ci ne sont pas encore fixées, mais si l'on en juge par ce que l'on peut d'ores et déjà observer, elles pourraient se révéler plus inquiétantes encore que celles qui prévalaient durant la guerre froide. On pourra difficilement prétendre que l'on a manqué d'avertissements, ou de temps pour le comprendre.

CHAPITRE I

Le projet de Mahmoud Ahmadinejad pour le Grand Moyen-Orient

Après avoir consacré beaucoup d'encre à critiquer le projet américain de « Grand Moyen-Orient », un exercice qui ne coûte pas cher – tant il fait l'unanimité – il serait prudent de se pencher sur le seul véritable plan concurrent, celui de l'Iran, qui, contrairement au précédent, progresse, même si les résultats des élections de décembre ne sont pas favorables au président iranien. Au moment où Téhéran continue d'afficher une politique de confrontation avec la communauté internationale, où l'Europe est ouvertement menacée par des représentants du régime, où les manœuvres dans le Golfe et la mer d'Oman se multiplient[1] et où l'armement des milices chiites se

---

1. Celles de novembre 2006 se sont déroulées dans 14 provinces situées principalement le long du Golfe et de la mer d'Oman, dès le premier jour, les Pasdaran ont tiré plusieurs dizaines de missiles, notamment des Shehab 2 et 3 dotés pour la première fois de têtes à sous-munitions pouvant lancer 1 400 petites bombes sur leur cible. Une nouvelle géné-

perfectionne[1], on pourrait ainsi percevoir les vrais risques de bouleversement pour la région voire pour le reste du monde. Plutôt que de répéter *ad nauseam* des formules toutes faites sur les naïvetés de « l'exportation de la démocratie[2] », il serait préférable de concentrer les esprits sur les dangers plus réels d'un autre type d'exportations : celles du nationalisme perse et du messianisme chiite, où l'on retrouve l'alliance des militaires, des Pasdaran et du président iranien.

Non que la population iranienne ou le monde chiite partage l'interprétation religieuse de Mahmoud Ahmadinejad[3]. Celle-ci est au contraire très minoritaire, y compris au sein de la communauté chiite iranienne. Mais les radicaux, soutenus par l'armée et les organisations paramilitaires, ont à présent un pouvoir bien réel avec la détention de postes clefs. Et sur les

---

ration de canons automatiques ainsi que des armes antiblindés et antihélicoptères ont également été testées.

1. Le Hezbollah, qui bénéficie d'un réseau international de financement, est à présent considéré comme une menace terroriste globale croissante : il opère hors du Moyen-Orient, et notamment en Europe, en Afrique et en Amérique du Sud.

2. Les autorités américaines ont elles-mêmes précisé – en pure perte semble-t-il – qu'il ne s'agissait nullement de cela, mais de fournir un espace public au débat politique, de faire une place aux partis d'opposition, de développer la diversité des médias, de respecter les minorités, et de reconnaître les droits des femmes. Toutes choses qui font partie des objectifs des Européens dans le processus de Barcelone.

3. Il serait également faux de croire qu'il existe quelque chose comme un panchiisme, mais la taille de la communauté chiite en Iran et au-delà des frontières iraniennes en fait un groupe potentiellement très puissant : les chiites représentent plus de 140 millions d'individus entre l'Iran, le golfe Persique, le Liban, l'Inde et le Pakistan. Et ils partagent au moins deux choses : la croyance religieuse qu'ils détiennent la vraie légitimité dans l'ordre de descendance du Prophète, et la croyance sociale qu'ils ont été marginalisés de façon injuste dans de nombreux pays.

sujets les plus controversés, qu'il s'agisse du nucléaire, des menaces d'annihilation d'Israël, ou du soutien au terrorisme, les différences sont plus rhétoriques que réelles entre les conservateurs [1]. La politique de Téhéran est donc le fait des durs, non des pragmatiques, même si ces derniers refont surface à l'occasion. Leur ambition est toujours d'exporter la révolution islamique dans l'ensemble du Moyen-Orient et, contrairement à leurs adversaires, dans la région ou au-delà, ils ont une authentique pensée stratégique. L'extrémisme fait suffisamment d'adeptes hors des frontières de l'Iran pour que l'on reconnaisse qu'une analyse purement nationale est trop limitée : la popularité d'Hassan Nasrallah auprès des populations musulmanes à l'été 2006, ou celle de Mahmoud Ahmadinejad lui-même, plus fêté hors des frontières de l'Iran que dans son propre pays, en sont un signe évident. En fait, l'Iran est présent dans toutes les zones de crises régionales : le Caucase, l'Asie centrale, l'Afghanistan, le Liban, l'Irak, la Syrie, les territoires palestiniens, le Golfe, et même l'Egypte, où Téhéran apporte son soutien aux Frères musulmans.

La fermeture de la parenthèse Khatami en juin 2005 n'a pas été un simple retour à la situation de 1997 : le pouvoir est passé des mains des clercs à celles d'un laïc fanatique soutenu par le complexe militaro-industriel et par des technocrates ayant fait leurs classes et leur nom au sein des Pasdaran. L'es-

---

1. Cette affirmation a reçu une confirmation éclatante quelques jours après les mauvais résultats du président aux élections. Loin de modifier son discours sur le nucléaire, il a défié le Conseil de sécurité dès l'adoption de la résolution 1737 le 23 décembre.

prit de 1979 est constamment invoqué, avec des accents que même le guide suprême Ali Khamenei n'utilisait pas – ou n'utilisait plus. Depuis un an et demi, les événements se succèdent très vite. Les menaces à l'égard d'Israël ou des Occidentaux se multiplient ; l'ONU exprime une « profonde inquiétude » sur la situation des droits de l'homme ; et les pays du Golfe font connaître leur crainte dans des enceintes publiques. Quant à Mahmoud Ahmadinejad, il se sert de la « primauté » de l'imam caché sous les institutions politiques pour mener à bien son projet, tant à l'intérieur qu'à l'extérieur du pays. Pour cette raison, il y a fort à parier qu'il tentera de faire en sorte que les élections de décembre, qui lui ont été défavorables, soient traitées comme un non-événement, par rapport à la lutte principale qu'il a engagée : celle des peuples. Face à ces développements qui se produisent au grand jour, le monde occidental semble paralysé, sans stratégie ni volonté. Il le paiera tôt ou tard.

Dans le préambule de la Constitution de 1979, il est écrit que les forces armées de la République islamique « seront responsables non seulement de la préservation du territoire national, mais aussi de l'accomplissement d'une mission idéologique, le Djihad pour le compte de Dieu, ainsi que de la lutte pour ouvrir la voie à la souveraineté de la parole de Dieu dans le monde ». Ce projet, qu'on crut un temps abandonné, et qui n'a pas la faveur du peuple iranien, est de nouveau à l'ordre du jour. Les autorités iraniennes ou leurs représentants à l'étranger n'hésitent pas à s'y référer ouvertement. Un an et demi après son accession au pouvoir, les intentions du nouveau président apparaissent assez clairement. Qu'il s'agisse de ses déclarations fracassantes sur Israël[1], le retour du Mahdi[2] ou l'ordre mondial[3], de l'organisation de manœuvres militaires d'intimidation dans le détroit d'Ormuz et la mer d'Oman[4], de l'accélération du programme nucléaire[5], du resserrement des liens avec Damas[6],

---

1. Les déclarations sur Israël, loin d'être des « maladresses », sont programmées à des fins politiques bien précises par le nouveau pouvoir iranien : obtenir un soutien très au-delà du monde iranien. Il est léger de soutenir que ce n'est là que de la « rhétorique ». Celle-ci est d'ailleurs partagée par l'agent de Téhéran au Liban, c'est-à-dire le Hezbollah, pour qui la « stratégie d'élimination d'Israël » a toujours été une constante.

2. La première réunion du gouvernement de Mahmoud Ahmadinejad aurait été l'occasion de ratifier une charte jurant fidélité à l'imam caché. Cette charte aurait ensuite été jetée dans le puits de la mosquée Djamkaran, d'où l'imam caché doit revenir sur terre.

3. Voir par exemple les déclarations de Mahmoud Ahmadinejad à Cuba, en septembre 2006, lors de la réunion des pays non alignés, et sa complicité – dans tous les sens du terme – avec Hugo Chavez.

4. Voir note 1, p. 25. Les manœuvres de novembre 2006, qui représentent un pas supplémentaire dans la politique d'intimidation, font suite à toute une série de préparatifs militaires. Du 31 mars au 5 avril 2006 par exemple, l'Iran avait déjà effectué des manœuvres militaires baptisées « Grand Prophète » dans le détroit d'Ormuz, par lequel transite près de 20 % de la production mondiale de pétrole, au cours desquelles plusieurs missiles ont été testés, dont des Fajr 5, qui se trouvaient également au Liban dans les dépôts de missiles de moyenne portée du Hezbollah, dont l'aviation israélienne a détruit une grande partie. D'autres manœuvres ont été organisées dans la province méridionale du Sistan-Balouchistan dans la deuxième moitié du mois d'août, après l'adoption de la résolution 1696 par le Conseil de sécurité.

5. Lors de l'annonce du 11 avril 2006 au cours de laquelle le président Ahmadinejad a indiqué que l'Iran avait réussi à enrichir de l'uranium à 3,5 %, il a appelé à une accélération du programme, alors même que le Conseil de sécurité demandait la suspension des activités du cycle du combustible dans la déclaration présidentielle du mois de mars.

6. En 2004, les deux ministres de la Défense ont conclu un mémorandum qui ouvre la voie à une coopération dans le domaine des industries de défense et des ventes d'armes. Deux ans plus tard, à l'issue de sa visite à Damas les 19 et 20 janvier 2006, le président Ahmadinejad a déclaré : « La Syrie et l'Iran forment un nouveau front contre l'arrogance et la domination. »

et avec Pyongyang[1], voire du conflit de l'été 2006 entre le Hezbollah et Israël[2], voilà un pouvoir qui dit tout haut ce que les plus radicaux à Téhéran pensent depuis des années : il est temps de reprendre le flambeau révolutionnaire des origines, avec un zèle que les mollahs, corrompus par le pouvoir et les affaires, ont perdu depuis longtemps. Si nous ne comprenons pas ces propos en Europe et plus largement dans le monde occidental, c'est que nous ne prenons pas au sérieux un fanatisme religieux qui trouble notre confort[3].

Certes, le pouvoir se trouve toujours entre les mains de l'ayatollah Khamenei, mais c'est une piètre consolation. Car outre que le Guide Suprême a toujours été présenté comme l'incarnation du clan des conservateurs[4], il a désormais un concurrent plus radical en la personne de l'ayatollah Misbah Yazdi, dont l'échec aux élections de décembre

---

1. La coopération des deux pays est établie dans le domaine balistique et elle est soupçonnée (sans preuve suffisante pour le moment) dans le domaine nucléaire. Notons toutefois qu'un excellent connaisseur de la Corée du Nord, Joseph Bermudez, n'exclut pas la présence d'experts iraniens en Corée du Nord au moment de l'essai nord-coréen du 9 octobre. D'une façon plus générale, les provocations iraniennes ressemblent de plus en plus à celles de la Corée du Nord. Un bon exemple est l'offre du commandant des Pasdaran (Yahia Rahim Safavi) en novembre 2006 de vendre les missiles balistiques iraniens « aux amis et voisins » de l'Iran.

2. Personne ne croit que Téhéran n'a pas au minimum donné un feu vert à l'action du Hezbollah. C'est d'ailleurs une règle pour les opérations conduites hors territoire libanais.

3. Il faudrait lire *Qu'est-ce qu'une révolution religieuse ?* du philosophe iranien Daryush Shayegan, publié en 1982.

4. Pour ce qui est de l'exportation de la révolution islamique, l'ayatollah Khamenei a été clair dès son arrivée au pouvoir. C'est lui qui a dit en 1989 par exemple : « La révolution islamique d'Iran ne peut pas rester confinée à l'intérieur de frontières, de nations, ou de groupes ethniques. »

n'est pas nécessairement le dernier mot. Parmi les dernières nominations de Mahmoud Ahmadinejad, il faut noter celle de Mojtaba Hashemi Samareh, l'émissaire que le président iranien avait choisi pour rencontrer Jacques Chirac en septembre 2006, au poste de vice-ministre politique de l'Intérieur. Un titre qui est à lui seul tout un programme. Dans le cadre de ses nouvelles fonctions, ce personnage sinistre, connu pour avoir longtemps organisé les interrogatoires des diplomates iraniens avant leur nomination à l'étranger, est appelé à superviser les élections. C'est à lui probablement que l'on doit le retard de près d'une semaine avec lequel les résultats ont été rendus publics en décembre. Ce n'est pas le type d'individu qui s'avoue vaincu aisément.

Au Moyen-Orient, les discours politiques et les manœuvres militaires de Téhéran sont suivis avec crainte, et les pays du Golfe parlent désormais publiquement de modifier leur politique de défense si personne ne parvient à arrêter l'Iran. De même, la découverte à l'été 2006 de la puissance de feu du Hezbollah a joué un rôle de révélateur de la capacité de nuisance iranienne. L'arsenal des milices chiites s'est révélé plus important que ce qui était soupçonné ou connu – notamment en matière de drones, de missiles de croisière, et d'armes antichars modernes. Mais la surprise principale est sans doute venue de l'entraînement[1] et de

---

1. Un des aspects les plus remarquables de cet entraînement est l'extrême mobilité et la grande discrétion de la « résistance islamique », que même les habitants du Sud-Liban identifient difficilement, parce qu'ils se déplacent le plus souvent la nuit, et jamais en grand nombre.

la détermination des combattants du Hezbollah dans la phase terrestre, où ils ont souvent pris des risques inouïs pour détruire les chars israéliens. Il y a là un avertissement pour ceux qui auraient l'audace de s'opposer à l'Iran – un Iran dont la gestion de réseaux terroristes de plus en plus performants sur le plan militaire ne saurait échapper aux observateurs[1]. D'autant que les autorités iraniennes, qui rêvaient dans les premières années de la révolution de prendre le pouvoir à Beyrouth, s'interrogent ouvertement sur la pérennité du gouvernement de Fouad Seniora depuis le mois de septembre. Israël est donc loin d'être le seul pays à avoir pris bonne note de ces développements. L'Arabie Saoudite, qui dénonce l'instauration d'un Etat chiite en Irak, s'est lancée dans une politique active de soutien à Walid Joumblatt et à l'opposition syrienne de Bachar el-Assad, tenu à Riyad pour un dangereux aventurier[2]. Riyad aimerait réduire l'influence chiite en Irak, conforter l'opposition au Hezbollah, et tenter de séparer la Syrie de l'Iran. A-t-elle les moyens d'y parvenir? C'est là une autre histoire et la réponse est probablement négative. Mais cette volonté, comme d'ailleurs la décision saoudienne de permettre une baisse du prix du pétrole ou d'acquérir le système de défense antimissile Aegis, en dit long

---

1. Le 19 octobre 2006, le principal négociateur iranien, Ali Larijani, a déclaré à l'agence Mehr qu'il pourrait y avoir des « conséquences régionales » si des sanctions étaient adoptées au Conseil de sécurité. Au lieu de préparer des ripostes à ces menaces, on semble plutôt choisir de les intérioriser d'emblée.

2. Ceci surtout depuis le meurtre du Premier ministre libanais Rafic Hariri, qui était un ami de la famille royale saoudienne.

sur l'inquiétude du pays. Naturellement, Washington est conscient de cette situation, et c'est une des raisons pour lesquelles l'administration Bush durcit le ton à l'égard de l'Iran, contrairement aux attentes des autorités iraniennes après le rapport Baker.

Que cherche, au juste, la République islamique ? Aspire-t-elle à trouver une place au sein du système international ou à le bouleverser ? A cette question, plusieurs réponses ont été données successivement. La prise du pouvoir de l'ayatollah Khomeiny en 1979 – alors que le Shah avait déjà quitté le pays – marquait une volonté de rupture non seulement avec les alliances antérieures, tout particulièrement avec les Etats-Unis, mais avec un système international dont l'expérience de la guerre avec l'Irak avait confirmé l'iniquité pour Téhéran. Comment respecter en effet un système qui refusait de condamner l'agresseur – Saddam Hussein de façon incontestable – et qui ne condamnait pas davantage l'utilisation d'armes chimiques, pourtant interdites depuis 1925, contre les troupes iraniennes ? Cette période est d'une importance capitale pour comprendre les motivations des dirigeants de Téhéran car, depuis août 2005, ce sont les vétérans de la guerre contre l'Irak qui détiennent les rênes du pouvoir[1]. Il y avait dans la révo-

---

1. En 2006, la commémoration de l'agression irakienne contre l'Iran (le 22 septembre) a été l'occasion d'un défilé des blessés de guerre, d'une multitude de miliciens islamiques ceints du bandeau vert des martyrs, et d'une démonstration de force (blindés, lance-roquettes, missiles (dont le Shehab 3 de 1300 km) assortie d'un avertissement lancé par le vice-président Parviz Daoudi : «Nous sommes la plus puissante armée de la région.»

lution islamique un défi lancé à l'Etat-nation, au nom d'une solidarité du monde musulman que les gouvernements en place avaient trahie. Ce dernier message était le plus redoutable pour les capitales arabes. C'est lui qui revient en force aujourd'hui, à un moment où le chiisme fait des progrès au Moyen-Orient, principalement en raison de l'irruption des chiites sur la scène irakienne après le renversement de Saddam Hussein en 2003. Même s'il est déraisonnable de parler de panchiisme – celui-ci n'existe pas – la réalité du pouvoir chiite est une nouveauté menaçante pour beaucoup de régimes en place.

Dans un second temps, surtout à partir de 1997, on a cru pouvoir répondre de façon beaucoup plus rassurante grâce à l'élection surprise du président Mohammed Khatami. Cette élection ouvrait une ère de réformes économiques, sociales et politiques qui donnait le sentiment que l'Iran, fatigué de la révolution, allait enfin se ranger. Les différents appareils du régime, notamment les services de sécurité, continuaient à exercer le même pouvoir, mais les postes principaux étaient occupés par des individus plus présentables. Très vite cependant, il a fallu remiser les propos hâtifs tenus sur le « Thermidor iranien » : dès l'été 1999 on vit une répression féroce de manifestations étudiantes – où, soit dit en passant, le conservateur « modéré » Mohammed Baqer Qalibaf, aujourd'hui maire de Téhéran, a joué un rôle plutôt radical. L'année suivante, la fermeture de nombreux journaux et la chasse lancée contre les dissidents témoignaient déjà d'une reprise en main des conservateurs. En assistant sans broncher à ces événements, le président Khatami a trahi sa base et perdu le soutien populaire qu'il détenait deux ans plus tôt. La désillusion des Iraniens à l'égard des réformateurs commence à ce moment-là, et n'a fait que se confirmer par la suite. Mais le pouvoir iranien semblait conserver une certaine sensibilité aux conséquences de ses initiatives les plus périlleuses dans les années 1990 : de nombreuses voix se sont fait entendre après les attentats du Mykonos (restaurant berlinois où furent assassinés quatre Kurdes, dont le secrétaire général du Parti démocratique du Kurdistan d'Iran) en 1992 et des tours de Khobar (qui abritaient des militaires américains en Arabie Saoudite) en 1996, pour que soit mis fin à ces aventures extérieures.

A partir du tournant du siècle, le terrain perdu par les réformateurs est aussitôt regagné par les conservateurs. Il suffira dès lors de quelques années supplémentaires pour que la victoire des derniers soit complète : ils remportent les élections municipales en 2003 ; s'assurent le contrôle de l'assemblée (*le Majlis*) en 2004 ; et en 2005, la présidence tombe dans leur escarcelle. La biographie de leur candidat ne laisse aucun doute sur son appartenance au cœur le plus dur du régime. Ancien membre des Pasdaran, il est fortement soupçonné d'avoir participé, en 1989, à Vienne, à l'assassinat du leader kurde Ghassemlou. Sur le plan religieux, sa fidélité va, plus encore qu'à l'ayatollah Khomeiny, à son disciple l'ayatollah Yazdi, auprès duquel le Guide Suprême Ali Khamenei fait presque figure de social-démocrate[1]. A l'heure où les mollahs abandonnent la ferveur religieuse, ce retour de flamme n'a rien d'anodin. Les déclarations du nouveau président indiquent d'emblée une volonté de retour aux sources de la révolution islamique. C'est sur le thème de la redistribution sociale qu'il a fait campagne, contre la corruption des mollahs. Mais son propos est de portée mondiale. Elu sur un programme de politique intérieure, Mahmoud Ahmadinejad, incapable de tenir ses promesses économiques[2], se fait connaître sur la scène internationale dont il est devenu – signe des temps – une star. Ses discours de politique étrangère révèlent une ambition évidente de bouleversement. Quand il évoque le Moyen-Orient, il s'adresse aux populations de la région, par-delà les divisions entre Arabes et Perses, ou entre chiites et sunnites. Lorsqu'il prend la parole devant les représentants des pays non alignés, c'est l'injustice de l'ordre international hérité de la Seconde Guerre mondiale qu'il dénonce, dans un style flamboyant qui n'est pas sans rappe-

---

1. En fait, l'ayatollah Khomeiny en personne soupçonnait l'ayatollah Misbah Yazdi de « radicalisme irréductible et dangereux ». C'est un témoignage qui devrait être tenu pour suffisamment convaincant. L'association ou plutôt la secte Hojjatieh, que dirigeait l'ayatollah Yazdi, a même été interdite. La motivation principale du groupe est de hâter la venue du douzième imam. Auprès de Mahmoud Ahmadinejad, Mojtaba Samareh représente l'ayatollah Yazdi. Il jouait déjà ce rôle quand le président était encore maire de Téhéran. La secte travaille en bonne intelligence avec les Pasdaran.

2. La politique économique de Mahmoud Ahmadinejad, qui fait une plus large place aux subventions qu'aux investissements, témoigne d'une grande incompétence. La situation dans ce domaine, au lieu de s'améliorer, s'est plutôt détériorée depuis son arrivée au pouvoir.

ler celui de Hugo Chavez[1]. Ce thème, dont la simplicité a pour corrélat une universalité potentielle, lui assure une large popularité. Il souligne aussi l'absence de légitimité des institutions multilatérales et le caractère obsolète des traités internationaux[2]. Le Guide Suprême lui-même est-il encore en mesure de se défaire de lui s'il le désire ? Ce n'est pas sûr et il est plus probable qu'il joue sur les différents clans en fonction des événements. Mahmoud Ahmadinejad incarne le messianisme politique professé par l'ayatollah Misbah Yazdi, dont les élèves, quel que soit le désaveu des élections de décembre, occupent des postes clefs à Téhéran[3]. Leur idéologie est la marque la plus inquiétante de ce pouvoir. Aux yeux de cette équipe, c'est aux pays « épris de valeurs spirituelles », au premier plan desquels se trouve natu-

---

1. Le thème de l'injustice du monde est celui que ne cessent de développer les individus les plus proches de Mahmoud Ahmadinejad comme Mojtaba Samareh. En ce qui concerne les activités du Hezbollah au Venezuela, des explosifs ont été trouvés près de l'ambassade américaine à Caracas en octobre 2006 qui provenaient du groupe chiite libanais.

2. Une des déclarations les plus révélatrices à cet égard est celle du ministre des Affaires étrangères iranien, Manoucher Mottaki, le 10 août 2006 : « Nous poursuivrons nos activités nucléaires et nous n'accepterons pas d'obligations internationales illégales. » Le président Ahmadinejad, de son côté, a fait de nombreuses déclarations sur le thème du contrôle du Conseil de sécurité par les Etats-Unis et leurs alliés, malgré le vote unanime de la résolution 1696, à la seule exception du Qatar. Et pour ce qui est du TNP, il a déclaré : « Si nous constatons que l'on utilise les règles du TNP pour nous priver de nos droits, le peuple changera de politique à cet égard. »

3. L'ayatollah Yazdi a défendu la candidature de Mahmoud Ahmadinejad à la mairie de Téhéran, puis à la présidence de la République islamique. Selon l'historien Hussein Hayder Qazwini, l'ayatollah Yazdi soutient que Mahmoud Ahmadinejad a été choisi par l'imam caché en personne.

rellement l'Iran, qu'il appartient d'instaurer l'ordre nouveau.

Outre les déclarations, il y a les faits, et ceux-ci méritent réflexion. Pour la République islamique d'Iran, le Liban a toujours constitué une priorité. Indépendamment de la lutte avec Israël, cette porte ouverte sur la Méditerranée doit lui offrir la promesse de plus vastes aventures. Lors des attentats de 1983 à Beyrouth, personne n'avait la moindre illusion à Washington ou à Paris, sur le rôle de l'Iran. Dans les territoires palestiniens, l'Iran a aussi contribué de façon significative à la modernisation de l'armement de l'OLP et de différentes organisations palestiniennes depuis le début de la seconde Intifada en septembre 2000. Les interceptions, en janvier 2002, du *Karine-A*, puis, en mai 2002, du *Santorini,* en ont donné deux illustrations éloquentes. A l'automne 2006, des armes antichars ultra-modernes à destination du Hamas ont été saisies par Israël et le gouvernement palestinien a reçu en décembre 30 millions de dollars de Téhéran. Depuis 2003, l'Iran, prenant la suite de Saddam Hussein, offre 50 000 dollars aux familles des auteurs d'attentats-suicides dans les territoires. Les menées de Téhéran dans la région ne s'arrêtent cependant pas là. Dès le début des années 1980 des coups de force ont été organisés à Bahreïn (dont la population est majoritairement chiite) et dans les Emirats arabes unis, mais aussi des attentats au Koweït. Des groupes militants ont été soutenus en Arabie Saoudite, en Jordanie et en Egypte. Tous ces pays redoutent à présent une reprise de l'offensive iranienne. Hosni Moubarak a ainsi déclaré – avec quelque exagération – que l'allégeance des chiites « va d'abord à Téhéran », tandis que le roi de Jordanie s'est ému de la construction d'un « arc chiite » et que l'Arabie Saoudite a regretté publiquement Saddam Hussein en décembre 2006, en raison de sa capacité à contenir l'Iran.

Il faut en effet naturellement compter avec la nouvelle situation créée en Irak, où des centaines d'agents iraniens ont été infiltrés dès 2003, et où ils ont mis en place d'importants réseaux de soutien. On leur attribue l'élimination, en 2003, de chefs religieux qui auraient pu s'opposer à Téhéran, comme l'ayatollah Mohammed Bakr al-Hakim, ou l'ayatollah Majid al-Khoei. L'armée Al-Mahdi de Moqtada al-Sadr, l'une des milices les plus radicales présentes en Irak, a reçu une aide financière substantielle de la part de Téhéran. En théorie, l'Iran a donc les moyens d'orchestrer une augmentation spectaculaire des attaques contre les forces américaines et irakiennes. D'où les déclarations, en juillet 2004, du ministre de la Défense irakien, Hazim al-Shalaam, selon lesquelles « l'intrusion iranienne (était) sans précédent depuis la création de l'Etat irakien ». Pour nombre d'observateurs, la première puissance étrangère en Irak n'est pas l'Amérique, mais l'Iran. De même, les efforts de l'Iran pour développer son influence en Asie centrale et dans le bassin de la mer Caspienne (où l'Iran a déployé près du tiers de sa capacité maritime) ont été intensifiés, avec le double objectif de contrer des projets énergétiques occidentaux et de financer des mouvements séparatistes (en Azerbaïdjan notamment, où l'ambassade d'Iran est, de toutes les ambassades présentes, celle qui a le plus d'ampleur). Cela est si vrai que les pays d'Asie centrale sont des alliés potentiels des Occidentaux pour contrer les ambitions de l'Iran.

L'Europe, et en particulier la France qui a déjà subi plusieurs attentats du Hezbollah en 1986, a toutes les raisons de craindre de nouvelles agressions de l'Iran sur son sol, dans les Balkans, ou contre ses soldats déployés au Liban (les menaces iraniennes sur ce thème sont explicites). Elle ne peut pas se désintéresser de l'activisme iranien en Afrique noire (en Tanzanie), en Ouganda, au Kenya, en Afrique du Sud et au Zimbabwe). De la même façon que les Etats-Unis ne peuvent ignorer la présence de milices chiites en Amérique du Sud. Une analyse systématique de l'influence iranienne dans le monde donnerait probablement des résultats surprenants, même si l'on considère que tous les mouvements dont il est ici question sont loin d'obéir au doigt et à l'œil à Téhéran.

A la lumière de ce projet révolutionnaire, les enjeux du programme nucléaire iranien prennent une autre dimension. C'est même l'une des grandes différences avec la situation des débuts de la révolution islamique dont se réclame le pouvoir : en 1979 l'ayatollah Khomeiny avait arrêté le programme nucléaire et ne l'a repris qu'à contre-cœur en pleine guerre avec l'Irak. L'homme clé pour l'accélération du programme nucléaire à la mort de Khomeiny a été Hachemi Rafsandjani, celui que l'on présente volontiers aujourd'hui comme un « pragmatique ». Ceux qui, au début de l'année 2007, se réjouissent de sa remontée en puissance seraient bien avisés de s'en souvenir. L'arme nucléaire sera en tout premier lieu une garantie de survie non pour le pays – qu'il met plutôt inutilement en danger – mais pour le régime, que personne ne pourra déloger aisément après un tel succès. C'est d'ailleurs la raison pour laquelle il n'est pas raisonnable d'opposer une action en faveur des droits de l'homme à une pression sur le dossier nucléaire : si l'Iran a la bombe, la victoire nucléaire servira la répression politique.

Sur les plans régional et international, la capacité de coercition de l'Iran, une fois doté de la bombe, sera sans commune mesure avec ce qu'elle était hier et ce qu'elle est aujourd'hui. Le mérite des armes nucléaires est plus clair dans des contextes où il s'agit de préserver le *statu quo* que dans ceux où l'intention est de le modifier. C'est l'une des leçons les moins contestables de la guerre froide. En d'autres termes, un Iran nucléaire poserait en tout état de cause de graves problèmes de stabilité régionale et internationale, mais les risques seraient fortement accrus par un régime dont l'ambition serait de dominer le Moyen-Orient, d'étendre ses réseaux terroristes en Europe, en Afrique et en Amérique du Sud, et de nouer avec de grandes puissances comme la Chine ou la Russie des relations ambiguës, voire une alliance déguisée. Ce serait là une version peu plaisante du monde multipolaire cher à tant d'hommes politiques. Les craintes ou les résistances que rencontrerait cette ambition pourraient conduire les voisins de l'Iran à entrer dans une course aux armements tandis que d'autres choisiraient, faute d'une meilleure option, de s'aligner sur Téhéran. D'ores et déjà, l'Egypte et l'Arabie Saoudite pourraient bien s'engager dans la première voie. Quant aux petits Etats du Golfe, auront-ils vraiment le choix ? Après les manœuvres militaires de novembre, les uns comme les autres ont confié aux Européens que la pression exercée sur Téhéran était décidément trop faible.

Dans une région où le risque de conflit n'est jamais très éloigné, et où les frontières et les Etats ne sont pas reconnus par tous, la dissuasion deviendrait un exercice délicat. Combien d'acteurs seraient en cause ? Résisterait-on à la tentation de tenter d'éradiquer de petits arsenaux nucléaires ? Comment empêcher des conflits conventionnels de dégénérer en conflits nucléaires ? Toutes ces questions lourdes de conséquences n'ont jusqu'ici trouvé aucune réponse. La nature révolutionnaire du régime, son caractère messianique, le soutien qu'il apporte au terrorisme, contribuent à exaspérer les tensions et à accroître les incertitudes. Les règles du jeu nucléaire pour le XXIe siècle ne sont pas encore écrites ; il est préférable pour tout le monde qu'elles ne le soient ni par Kim Jong II, ni par Mahmoud Ahmadinejad. A quelles aventures serait prêt un Iran doté de l'arme nucléaire ? Personne n'en sait rien, mais chacun peut à bon droit se poser la question. Les ambitions et les rêves de grandeur de Téhéran sont connus. Que se passera-t-il le jour où le territoire iranien sera sanctuarisé ? Même si rien ne permet d'affirmer que l'Iran privilégierait une doctrine d'emploi, l'acquisition de l'arme nucléaire lui conférerait une puissance de coercition sans commune mesure avec les menaces qu'il exerce actuellement, qu'il s'agisse du prix du pétrole, de la fermeture du détroit d'Ormuz, ou des attentats terroristes. On a parfois tendance à l'oublier.

Mahmoud Ahmadinejad n'était rien il y a un an et demi. Il est à présent connu du monde entier et il y voit un signe du destin. Il ne devait traiter que des problèmes intérieurs. Or, comme viennent encore de le montrer les élections de décembre, il n'existe aujourd'hui que par ses performances internationales. Ce président n'a eu aucun prix à payer pour ses provocations et doit beaucoup à notre inaction. Il est, en partie, notre créature. En ce début d'année 2007, les autorités iraniennes sont grisées par la série de succès inespérés qu'elles enregistrent depuis août 2005, grâce aux reculades successives des pays occidentaux avec la complicité de tous les autres. Malgré quelques mesures symboliques [1], la complaisance est encore trop grande à l'égard de Téhéran. On oublie notamment que, depuis 1983, la « vieille civilisation », dont il est souvent question dans les discours de nos hommes politiques, a tué un grand nombre de Fran-

---

1. Ces mesures, adoptées à la suite de la résolution 1737 de décembre 2006, ont tout de même ouvert un débat à Téhéran sur la tactique à suivre à l'égard de la communauté internationale, preuve s'il en était besoin que des sanctions, même très limitées, constituent un signal politique qui a des effets en Iran.

çais, au Liban et sur notre sol. C'est cette « vieille civilisation » qui retient en otage un malheureux skipper français dont le tort consiste à avoir franchi les eaux territoriales iraniennes, et que tout Etat civilisé aurait immédiatement relâché ; qui forme et arme des réseaux terroristes ; qui vante les mérites des attentats-suicides ; et qui prétend refaire la carte de la région. Nos 2 000 soldats présents au Sud-Liban pourraient apprendre à leurs dépens ce qu'il en coûte de résister à Téhéran. Ceux qui croient faire plaisir aux Iraniens avec des propos sur la « vieille civilisation » les embarrassent parfois plus qu'ils ne les flattent car, outre leur côté paternaliste, ils rappellent ainsi que l'Iran existait avant la révolution islamique et la Perse avant l'Iran. Un peu comme si l'on vantait les mérites de l'Ancien Régime à Saint-Just ! Même si les Iraniens méprisent les Arabes, ce que ces derniers n'oublient jamais, la religion musulmane est un des instruments principaux du pouvoir, qu'il soit détenu par des mollahs ou par des civils.

Enfin, il est un sujet qui mériterait qu'on y songe plus souvent : les négociations ratées conduites avec ce régime depuis 2003 auront des conséquences sur la dissuasion que l'on pourra être amené à exercer à son égard, en cas de crise grave, comparable par exemple, dans une version post-guerre froide, à celle des missiles de Cuba entre les Etats-Unis et l'URSS en 1962. Pourquoi Téhéran, instruit par l'expérience diplomatique des années 2003-2006, devrait alors se sentir intimidé par nos gesticulations dissuasives ? On ne le voit guère…

CHAPITRE II

Quelques leçons
d'une guerre asymétrique

Israël-Hezbollah, été 2006

Le conflit qui a éclaté au Liban le 12 juillet a commencé comme tant d'autres affrontements entre le Hezbollah et Israël depuis le retrait de l'armée israélienne du Sud-Liban en 2000 : une patrouille a été attaquée et des soldats enlevés. Mais il s'est terminé comme aucun conflit livré par Tsahal ne s'était achevé depuis 1948, avec des cris de victoire de l'adversaire de Tel-Aviv. Il y a certes dans ces cris un élément de propagande, car le Hezbollah a été plus durement touché par la guerre qu'il n'est prêt à le reconnaître, et un retour de bâton au Liban ne peut être exclu. Mais ils expriment aussi ce que les commentateurs israéliens eux-mêmes ne cherchent plus à masquer : la guerre n'avait pas été prévue par Israël (dont le nouveau ministre de la Défense venait de décider une réduction de son budget de 20 %), elle a été mieux conduite par Hassan Nasrallah que par Dan Halutz, et ne s'est pas terminée par une défaite du Hezbollah – capable le dernier jour comme le premier de lancer des centaines de roquettes sur le nord du pays. En outre, même si cette question peut faire l'objet de longs débats, la capacité de dissuasion d'Israël a été affectée. Les habitants du nord du pays s'interrogent désormais sur la capacité de Tel-Aviv d'assurer leur sécurité, et le mythe – car il s'agit naturellement d'un mythe – de l'invincibilité de Tsahal est écorné dans toute la région. Il en est résulté une crise politique mais aussi morale en Israël, toujours prêt à passer de l'autosatisfaction à la dépression. Enfin, le projet de retrait unilatéral de la Cisjordanie est gelé, mettant un terme à la politique adoptée depuis 2005, sans autre alternative pour le moment. Comment en est-on arrivé là ? Quelles en sont les conséquences pour les années à venir ? Telles sont les questions que se posent beaucoup d'observateurs. Il est encore trop tôt pour y répondre autrement que de façon partielle, et c'est ce que l'on tente de faire ici.

La guerre aérienne : trop longue, meurtrière et peu efficace. Les opérations aériennes ont duré près de trois semaines avec des F15, des F16 et des avions sans pilote. Les bombardements ont été violents, très éprouvants pour la population civile, mais les résultats militaires n'ont pas été à la hauteur des attentes. Leur objectif principal était de détruire les missiles de plus longue portée, les infrastructures stratégiques du Hezbollah, et d'empêcher les milices chiites de lancer des missiles sur le nord du territoire israélien. Ce dernier objectif n'a jamais été atteint, tandis que les deux autres l'ont été de façon seulement partielle. Une fois de plus, la campagne aérienne, sur quoi l'état-major de Tsahal avait fondé l'essentiel de ses espoirs dès le 12 juillet, a montré ses limites militaires et son désastreux effet médiatique. Car d'un côté, l'impact des images quotidiennes d'immeubles détruits et de civils tués, blessés ou prenant la fuite, a été considérable sur l'opinion régionale et internationale, et de l'autre, les destructions matérielles, incontestables, n'affectaient pas nécessairement le cœur du Hezbollah. Par exemple, malgré quelque 23 tonnes de bombes larguées le 17 juillet contre un bunker souterrain du sud de Beyrouth, la structure de commandement et de contrôle du Hezbollah ne semble avoir été affectée que pendant une courte période. Les communications des milices n'ont apparemment été brouillées que très partiellement. Enfin, face à un adversaire très bien préparé, il a été plus facile de raser des quartiers généraux – faciles à reconstruire – que les rampes de lancement de missiles (on estime à seulement 25 % les destructions des différents lanceurs). Et comme celles-ci se trouvaient souvent au cœur de zones peuplées, leur élimination, quand elle se produisait, entraînait ce que l'on désigne pudiquement par l'expression « dommages collatéraux », c'est-à-dire des pertes civiles. Un grand nombre de sites de lancement factices auraient de surcroît été ciblés, tandis que les sites de lancement fixes de roquettes, plus nombreux que prévu, n'avaient jamais été identifiés. Les principaux succès de l'Air Force israélienne seraient en définitive la destruction d'une grande partie des missiles iraniens Fajr 3 et 5 (40 et 70 km) ainsi que des Zelzal 1 et 2 (150 et 200 km), soit les missiles de plus longue portée, ce qui n'est pas indifférent, car ils représentaient la menace la plus sérieuse. Mais l'arsenal de roquettes de faible portée, dont environ 4 500 ont été tirées contre des objectifs civils, conserve une capacité de nuisance considérable et les deux tiers de l'arsenal sont toujours disponibles.

La menace balistique, connue mais sous-estimée. Depuis la guerre du Golfe et les attaques des Scud irakiens, c'est la première fois que le territoire israélien est touché par des missiles – et cet été non par quelques Al-Hussein mais par des milliers de Katiouchas. L'arsenal balistique du Hezbollah faisait l'objet de publications ouvertes depuis des années, y compris pour les missiles de plus longue portée, et le Mossad semble avoir détenu des renseignements de bonne qualité sur les entrepôts les plus dangereux. En revanche, les effets non pas tactiques, mais stratégiques, des Katiouchas semblent avoir été sous-estimés et, si l'on en croit Ze'ev Schiff, un des meilleurs commentateurs israéliens des questions de défense, un grand nombre de rampes de lancement de ces roquettes étaient fixes (dans des vergers, des écoles, et même des mosquées et des hôpitaux), contrairement aux attentes. Leur dispersion et les méthodes de camouflage utilisées rendaient toute détection préalable très difficile, leur destruction même aurait entraîné en tout état de cause des pertes civiles importantes, et il aurait en fait fallu pratiquement, pendant les opérations terrestres, faire des recherches maison par maison. Ces roquettes ont démontré leur capacité, même avec des têtes ne contenant que des explosifs conventionnels, à paralyser le nord d'Israël et à déplacer 500 000 personnes, tandis que 500 000 ont vécu dans des abris. Environ 4 500 roquettes de ce type ont été tirées pendant la durée de la guerre (pour un arsenal du Hezbollah estimé à 12 000), contre des civils et une quantité indéterminée contre des objectifs militaires. Un quart des premières ont atteint des zones peuplées, causant une cinquantaine de morts et des milliers de blessés. Après les performances du Hezbollah, ces armes, peu contrôlées, pourraient devenir un des choix préférés d'organisations terroristes. Enfin, dans un conflit où il s'agissait essentiellement de lutter contre des missiles, l'utilité des différents programmes antimissiles dont dispose Israël doit être examinée. Apparemment, cette utilité a été nulle. Certes, les systèmes Arrow et Patriot ont été conçus pour répondre à des menaces balistiques de plus grande portée, et de simples Katiouchas ne répondent pas à leurs critères opérationnels. Un seul type de missile de 100 km a été tiré en trois exemplaires pendant les hostilités par le Hezbollah (qui répondrait donc aux critères du Patriot), mais l'un d'entre eux a explosé en vol tandis que les deux autres, tirés le dernier jour de la guerre contre Haïfa, ont raté leur cible. Cela étant, deux batteries de Patriot ayant été déployées pour protéger Haïfa et Nazareth, celle qui était destinée à protéger Haïfa n'a pas été activée, peut-être parce que le point d'impact a été correctement estimé. Les radars de ces systèmes ont cependant été utilisés pour détecter les départs de missiles adverses. La véritable question porte sur le système THEL, en principe conçu pour répondre à des attaques de courte portée : ce système, qui utilise un laser, a en effet été testé avec succès dans les dernières années contre des Katiouchas. S'il n'a pas été utilisé, c'est que le ministère de la Défense israélien a mis fin au programme il y a juste un an. Sinon, il aurait été opérationnel au moment de l'attaque, notamment pour la protection de Haïfa. Un réexamen de cette décision sera peut-être engagé dans les mois qui viennent.

Opérations terrestres tardives, et performances de Tsahal limitées par les activités de police dans les territoires. La dernière guerre où l'armée israélienne avait combattu remontait à près de vingt-cinq ans. Depuis, et surtout depuis l'automne 2000 et la seconde Intifada, Tsahal a surtout été utilisée à des tâches de police dans les territoires. Or la police n'est pas la guerre et ces opérations constituaient à l'évidence une très mauvaise préparation à un conflit contre le Hezbollah, une organisation qui n'a pas grand-chose à voir militairement avec le Hamas, comme Israël l'a appris à ses frais. Devant un ennemi bien préparé, très motivé, retranché dans des bunkers bien ravitaillés en vivres et en armes, doté d'armes parfois ultra-modernes (les armes antitanks russes de troisième génération utilisées à partir du 24 juillet par exemple), le coût de l'impréparation a été sévère. L'infanterie et les chars ont été engagés tard, sans stratégie précise, et Israël a donné le sentiment d'une grande improvisation dans la conduite du conflit terrestre. La lutte contre les positions fortifiées du Hezbollah s'est faite avec des équipes réduites de l'infanterie et des petites unités de tanks, qui ont payé le prix le plus lourd de la guerre. Les milices chiites ont utilisé quelques 200 missiles antitanks dans cette bataille (environ 500 au total pendant les combats au sol) et elles ont montré leur agilité – attaques éclairs coordonnées et retrait rapide –, leur détermination et leur connaissance de la lutte antitank (à Bent Jbail, à Maroun al-Ras et à Taibe, une trentaine de chars Merkava ont été détruits par ces missiles et Israël a encore perdu une trentaine d'autres blindés). Au total, les destructions – avec des missiles Kornet, Metis, Konkur et Fagot – sont plus faibles que ne le laissent supposer les déclarations du Hezbollah, mais elles demeurent substantielles et ont surpris Israël. Autre surprise, après celle de la découverte des armes antinavires ultra-modernes du début de la guerre, Israël n'était pas maître de la nuit : le Hezbollah détenait des lunettes de vision nocturne fournies par l'Iran – et acquises par Téhéran pour

« lutter contre la drogue ». La première bataille importante au sol a eu lieu à Bent Jbail du 24 juillet au 1er août et s'est soldée par une demi-défaite. C'est ce qui a conduit les autorités de Tel-Aviv à appeler les réservistes à partir du 28 juillet, là aussi sans plans précis et souvent sans équipement. Ils ont certes fait la démonstration qu'Israël a toujours un excellent système de réserve, rapidement déployable et opérationnel, mais qui n'a sûrement pas été utilisé au moment et de la façon dont il aurait dû l'être, avec l'entraînement et l'équipement dont il avait besoin. Aujourd'hui, les réservistes sont les critiques les plus féroces de l'ensemble de l'opération.

Un bel exemple de guerre asymétrique. En un sens, ce conflit fournit une illustration convaincante de ce que l'on nomme « la guerre asymétrique ». Aucun Etat n'était parvenu depuis 1948 à mettre l'armée israélienne en difficulté – avec la possible exception de l'Egypte en 1973 –, créant dans le monde arabe le mythe de l'invincibilité de Tsahal. Les Israéliens, beaucoup plus circonspects sur ce sujet, n'ont cessé d'adapter les moyens dont ils disposaient au fil des ans, contrairement à beaucoup d'armées de la région qui, comme la Syrie, n'ont pratiquement pas évolué depuis les années 1970, du moins dans le domaine conventionnel. Mais à l'été 2006, la modernité de l'armée israélienne n'a pas présenté que des avantages. Le Hezbollah a patiemment étudié la stratégie adverse – probablement avec des conseillers militaires iraniens – pour éviter de permettre à Israël d'utiliser ses avantages et de se battre sur son terrain. Le premier de ces avantages était naturellement qu'Israël est le seul pays de la région à avoir fait sa « révolution des affaires militaires ». Il dispose en matière d'utilisation et de coordination de l'information, de capacité d'atteindre les centres de commandement de l'adversaire et de brouiller ses communications, de moyens sans doute uniques au Moyen-Orient. Mais cette révolution a donné à l'état-major israélien une confiance excessive dans ses capacités, surtout compte tenu de la qualité de l'adversaire, qui a – lui – été sous-estimé. L'organisation du Hezbollah en bunkers très autonomes, ses attaques coordonnées ultra-rapides, son endurance et son sang-froid en ont fait un ennemi respectable. Certes, il a plus souffert de la guerre qu'il n'est prêt à le reconnaître, et la conférence de presse d'Hassan Nasrallah où il déclare qu'il n'aurait pas engagé ce conflit s'il en avait connu les suites peut en donner une confirmation – mais il n'a pas été vaincu et la déclaration du 28 août a peut-être surtout pour but de réduire les critiques dont le Hezbollah commence à être l'objet au Liban. Il a montré qu'il avait bien maîtrisé des systèmes d'armes modernes et limité au maximum l'avantage adverse. Ses pertes matérielles, réelles, peuvent être comblées par de nouveaux approvisionnements, compte tenu des faiblesses de la résolution 1701 sur ce point. Si tel était le cas, un nouvel affrontement avec Israël pourrait être difficile à prévenir.

L'adversaire iranien : un bilan mitigé. Le jeu de l'Iran dans ce conflit n'est pas très clair. L'opération a-t-elle été planifiée par Téhéran après le transfert du dossier nucléaire au Conseil de sécurité en février ou le Hezbollah s'est-il contenté d'obtenir un feu vert des autorités iraniennes en juillet ? C'est à voir. Ce qui est sûr en revanche, et pour le monde entier, c'est que les liens politiques, financiers, militaires et idéologiques avec le Hezbollah sont à présent exposés comme ils ne l'avaient jamais été. Certains Iraniens pensent même que ces liens sont devenus trop visibles, non seulement en ce qui concerne les armes et le soutien politique, mais aussi le soutien financier (le milliard de dollars qui a fait surface – en liquide – dans les mains des milices chiites du Sud-Liban le jour même du retour des populations déplacées, a été mal perçu en Iran : les 12 000 dollars donnés aux familles chiites victimes des bombardements représentent – selon les chiffres de la Banque mondiale – 8 ans de consommation et 4 à 5 ans de PIB/tête en Iran). Pendant les hostilités, de nombreuses armes en provenance de Téhéran ont pu être identifiées – y compris un missile de croisière de conception chinoise mais de facture iranienne, un drone Ababil et des lunettes de vision nocturne – et l'Iran n'a pas hésité à déclarer : « Cette guerre est notre guerre. » S'il s'agissait d'une opération de diversion au moment où le dossier nucléaire iranien revenait au Conseil de sécurité, elle a en partie réussi. Car si l'Iran doit toujours rendre des comptes après son refus le 31 août de mettre en œuvre la résolution 1696, chacun est désormais plus conscient de son pouvoir de nuisance. Il pourrait s'agir d'un avertissement sans frais, au cas où les Etats-Unis n'auraient pas renoncé à une action militaire contre les sites nucléaires de Téhéran après les élections de novembre, au cours de l'année 2007. Pour Téhéran, les soldats de la force internationale peuvent aussi constituer des otages potentiels au cas où le Conseil de sécurité adopterait des mesures qui lui déplairaient. D'un autre côté, la destruction des missiles de plus longue portée par l'aviation israélienne n'est pas une bonne nouvelle pour Téhéran, car il s'agissait d'une capacité indirecte d'attaques sur le territoire israélien qui est désormais fortement réduite.

La Syrie et le Liban : une plus grande souveraineté pour Beyrouth ? Damas a dû accepter, pour la première fois dans un conflit régional depuis des décennies, de n'avoir aucune place à la table des négociations au moment du cessez-le-feu. C'est une défaite diplomatique incontestable. En outre, le déploiement de l'armée libanaise dans le sud du pays, soutenue par une FINUL forte de 7 000 à 10 000 hommes (les 15 000 prévus ne seront pas atteints), limite la marge de manœuvre du Hezbollah et des alliés de la Syrie. Enfin, les autorités libanaises ont bien fait comprendre pendant la guerre qu'ils n'avaient pas l'intention de permettre à Damas de revenir à l'occasion de la crise. Comme le contrôle du Liban est depuis trois décennies un objectif plus important en Syrie que la récupération du Golan, la situation actuelle, qui conforte la résolution 1559, n'est pas bonne pour les autorités syriennes. Mais ce n'est pas là toute l'histoire, car la Syrie, dont provient également un grand nombre d'armes du Hezbollah, y compris des armes iraniennes ou russes en transit, a aussi profité de la crise, même si elle y mène un combat d'arrière-garde. Fouad Seniora a été invité à Damas, le Liban a été menacé de se voir couper l'électricité avec des méthodes empruntées à Vladimir Poutine, la Syrie s'est félicitée de ses liens stratégiques avec l'Iran et les assassinats continuent dans le Sud, comme l'a montré l'attaque le 6 septembre du convoi du lieutenant-colonel Samir Chéhadé, très actif dans l'enquête sur l'assassinat de Rafic Hariri. La faiblesse du gouvernement libanais est si manifeste que l'opportunité est tentante pour Damas, surtout au moment où Hassan Nasrallah jouit d'une popularité incontestable dans l'opinion arabe. Du point de vue militaire cependant, Damas n'a qu'une seule arme redoutable : ses missiles, et la Syrie devra en principe aussi rendre des comptes sur la mise en œuvre de la résolution 1701, notamment pour ce qui concerne le réarmement du Hezbollah – tout l'armement lourd iranien passe par le territoire syrien. Si une nouvelle crise venait à dégénérer dans les mois ou les années à venir, on ne peut exclure une extension des hostilités à la Syrie, en raison tant des missiles syriens que de ces armes. Compte tenu de la conscience d'une partie des élites syriennes que l'Iran se sert de la Syrie – comme il se sert du Liban – et que cela peut avoir des conséquences catastrophiques pour le pays, séparer Damas de Téhéran devrait être désormais un objectif majeur, ce qui suppose bien entendu de reconnaître la Syrie comme un interlocuteur possible.

Les pays arabes modérés. Dans la première semaine des combats, un certain nombre de capitales arabes du Maghreb (le Maroc par exemple) ou du Golfe (l'Arabie Saoudite est le meilleur exemple) n'ont pas caché leur satisfaction de voir les positions du Hezbollah violemment attaquées par Israël. On a même pu croire à un moment, après la fatwa obtenue par les autorités saoudiennes contre le Hezbollah, et différentes démarches de pays arabes craignant la montée en puissance des chiites et de l'Iran, que les pays modérés allaient jouer un rôle politique actif d'opposition aux milices chiites. Cet espoir s'est pratiquement envolé à partir de la deuxième semaine de combats, en raison de la violence des bombardements, des victimes civiles et de la pression des opinions publiques arabes, même sunnites, de plus en plus favorables à Hassan Nasrallah. Du coup, une des conséquences du conflit à prendre en compte est la façon dont les deux pays les plus hostiles au processus de paix (la Syrie et l'Iran) peuvent bénéficier des hostilités de juillet et août au Liban. C'est la rançon de la politique de Mahmoud Ahmadinejad à l'égard d'Israël, qui visait à gommer la distinction Arabes/non-Arabes, sunnites/chiites, tout en sapant l'autorité des gouvernements de la région en faisant appel aux masses. Entre Israël et les Palestiniens, le désengagement unilatéral est interrompu et à moins de relancer un processus négocié, dont on perçoit mal la possibilité, les relations israélo-palestiniennes risquent de connaître une nouvelle aggravation. Ni les Européens, ni les Américains, ni les pays arabes modérés ne paraissent en mesure de convaincre Tel-Aviv de reprendre la voie de la négociation avec les Palestiniens alors qu'ils se trouvent dans une position de faiblesse. Enfin, la dissuasion américaine a également été affectée cet été, même indirectement. Les conséquences que leurs alliés dans la région tireront de cette situation est un des éléments importants de l'après-crise, surtout dans une conjoncture où l'Iran n'est pas encore arrêté dans sa course à l'arme nucléaire.

Les scénarios futurs. Aucun des deux camps n'a pour le moment intérêt à rompre le cessez-le-feu adopté avec la résolution 1701, mais il est peu probable que des éléments majeurs de la résolution comme le désarmement des milices, ou l'interruption des livraisons d'armes, soient mis en œuvre. Cela laisse donc planer la possibilité permanente sinon d'une reprise des hostilités, du moins d'une tension permanente et de la préparation d'un autre conflit. Le Hezbollah doit faire oublier les destructions dont il est responsable en distribuant son argent et en participant à la reconstruction du pays, mais il peut aussi chercher à montrer qu'il garde l'initiative, ou à pousser son avantage dès qu'il aura reconstitué ses forces. Israël de son côté n'est pas en position de reprendre les hostilités mais cherchera à rétablir sa force de dissuasion conventionnelle. Il y a là beaucoup d'ingrédients pour une reprise des combats, surtout si l'armée libanaise ne peut donner de garanties du contrôle des frontières, et si la force d'interposition, avec des règles d'engagement toujours peu claires, sera impuissante en cas de tirs de missiles au-dessus de la zone contrôlée ou de menaces de prises d'otages – au cas par exemple où l'Iran ne serait pas satisfait du tour que prennent les événements à New York sur le dossier nucléaire. Le général Yariv disait parfois : « Aujourd'hui un héros, demain un zéro », pour illustrer la tendance psychologique d'Israël dont il était question plus haut, et qui consiste à passer sans transition de l'assurance à la dépression. Même si celle-ci peut paraître excessive, il y eut deux erreurs majeures dans la conduite de la guerre : la confiance excessive de l'armée israélienne dans la révolution des affaires militaires à l'américaine et la « déformation » de Tsahal en raison de son utilisation systématique dans des opérations de police dans les territoires depuis environ six ans.

Les leçons de ce conflit sont innombrables : améliorer l'analyse des renseignements disponibles, adapter l'entraînement à des stratégies asymétriques, tenir compte de l'importance potentiellement stratégique des roquettes de courte portée, reconnaître au sein du Hezbollah la coexistence d'initiatives rustiques très inventives et de systèmes d'armes sophistiquées, étudier l'intérêt de systèmes de destruction ultra-rapides des sites de lancement… La destruction d'une partie importante des missiles de plus longue portée, les coups portés à la tête du Hezbollah, le remplacement des milices chiites par l'armée libanaise et la FINUL au Sud-Liban peuvent être mis au nombre des succès pour Tel-Aviv, mais ils pourraient s'avérer fragiles. Sur le plan politique, Israël a affaibli la position du gouvernement libanais, et donné à Hassan Nasrallah une visibilité accrue dans le monde arabe. L'Iran comme la Syrie peuvent être présentés comme des bénéficiaires du conflit, même si un bilan plus nuancé est sans doute justifié. La vraie victoire politique d'Israël est d'avoir su ouvrir un large débat sur la guerre, alors que ce débat demeure encore timide au Liban un mois après la fin des hostilités. Mais la pierre de touche sera la capacité de tirer toutes les leçons pour l'avenir.

Quant à l'origine du conflit, la négligence générale – dès l'automne 2004 – concernant le désarmement du Hezbollah, demandé par la résolution 1559, doit être dénoncée. Et à la fin de celui-ci, la force d'interposition à l'ONU sans mandat sous le chapitre VII de la Charte paraît peu adaptée. Les leçons non tant des Balkans, mais surtout du « Drakkar » en octobre 1983, ne semblent pas avoir été comprises. Ce n'est pas la présence d'un général italien et d'un petit état-major à New York, présentée comme une avancée majeure par la France, qui changera grand-chose. L'essentiel se passera sur le terrain où la FINUL risque d'être vite débordée si les deux adversaires dérapent vers de nouveaux affrontements, ou si le Hezbollah décide des attentats ou des prises d'otages. En tout état de cause, la FINUL n'a de chances de modifier la donne que si l'engagement des forces se poursuit pendant plusieurs années, alors que le réexamen annoncé par la France dans six mois laisse déjà planer la possibilité d'un repli très précoce.

Enfin, compte tenu des leçons venues d'Irak pour l'armée américaine avant celles qu'Israël recueille au Liban, on ne peut manquer de s'interroger sur l'importance croissante de la guerre asymétrique et de la capacité des armées modernes à la livrer et à la gagner.

Iran 2006 : les limites du pessimisme

Depuis maintenant quatre ans, Téhéran réserve des surprises de plus en plus désagréables en période estivale. En août 2002, l'opposition iranienne en exil provoque un coup de théâtre à Washington en révélant au monde l'existence de sites nucléaires secrets sur le sol iranien, à Natanz et à Arak : dès lors, les grandes capitales et l'AIEA, qui montraient peu d'empressement sur le dossier, doivent engager une vérification sérieuse des activités nucléaires de l'Iran[1]. En août 2003, les résultats des inspections révèlent des traces d'uranium enrichi qui ne correspondent pas aux déclarations iraniennes, ouvrant ainsi un chapitre majeur d'une investigation internationale qui n'a pas encore abouti trois ans plus tard[2]. Fin juin 2004, Téhéran rompt l'accord conclu avec les trois Européens et reprend la fabrication et les essais de centrifugeuses, portant un premier coup à l'initiative diplomatique[3]. A l'été 2005, la présidence iranienne, contrairement à toute attente, passe entre les mains d'un représentant du cœur le plus dur du régime, fermant ainsi la parenthèse Khatami de façon brutale. Un mois et demi plus tard, avec la reprise des opérations de conversion sur le

---

1. Il s'agit de la conférence de presse du NCRI *(National Council of Resistance of Iran)* le 14 août 2002. Les inquiétudes sur le programme nucléaire iranien datent de la fin des années 1980 et l'auteur de cet article a écrit une note sur le sujet pour le Centre d'analyse et de prévision en 1995, à un moment, on le sait aujourd'hui, où le programme a pris une vitesse supérieure. Mais ni l'AIEA ni les principaux acteurs internationaux n'ont engagé un travail d'investigation digne de ce nom avant les révélations du NCRI en août 2002. Autant dire qu'on a perdu près de vingt ans, dix ans dans le meilleur des cas (si on considère que l'accélération du programme a eu lieu au milieu des années 1990). Dans ces conditions, quand le directeur des garanties de l'AIEA, Pierre Goldschmidt, publie le jour de son départ à la retraite fin juin 2005 un article dans *Le Figaro* où il évoque une « course contre la montre », il ne faut pas s'étonner de la formule. Le temps perdu ne sera pas rattrapé.

2. C'est en août 2003 que les résultats des échantillons prélevés à Natanz révèlent la présence de deux types d'uranium enrichi. L'Iran, qui jusqu'alors prétendait avoir conduit son programme de façon autonome, affirme désormais que ces contaminations proviennent d'éléments importés. L'enquête s'oriente vers le Pakistan et la Russie. Elle est encore en cours.

3. Le 22 juin 2004, Téhéran annonce par lettre aux trois Européens sa décision de reprendre ces activités dès la fin du mois. Cette décision est confirmée à l'AIEA dès le lendemain.

site d'Ispahan, il est mis fin unilatéralement au deuxième accord conclu avec les Européens le 15 novembre 2004. Ce coup de poker est sans grand risque pour Téhéran, car, contrairement aux menaces proférées au plus haut niveau par les Etats engagés dans la négociation, la rupture de l'accord ne donne lieu à aucune réponse, affaiblissant encore la crédibilité de Londres, de Paris et de Berlin[1].

A l'été 2006, on observe une nouvelle aggravation de la situation, spectaculaire cette fois, et qui fait la Une des journaux pendant plusieurs semaines. Après avoir passé des mois à se présenter comme l'adversaire principal d'Israël dans des déclarations fracassantes au Moyen-Orient et en Europe[2], l'Iran est soupçonné d'avoir organisé avec le Hezbollah une opération de diversion au nord d'Israël qui déclenche une crise régionale de grande ampleur au moment même où le dossier nucléaire iranien revient au Conseil de sécurité[3]. Pour la première fois, on peut observer la rencontre de trois facteurs explosifs : la signification stratégique des liens de Téhéran et du Hezbollah, l'idéologie radicale des autorités iraniennes (que

---

1. Dans la presse iranienne, depuis décembre 2004 en particulier, les Européens sont ouvertement méprisés et les négociations avec eux tournées en dérision.

2. Interview de Mahmoud Ahmadinejad au *Spiegel*, juin 2006.

3. Le transfert au Conseil de sécurité a été décidé en février 2006 et une déclaration présidentielle a été adoptée fin mars. Après le refus de l'Iran de se conformer aux demandes de l'ONU, une nouvelle offre a été mise au point entre les cinq membres permanents et l'Allemagne le 1er juin et présentée à Téhéran par Javier Solana le 6 juin. Le 12 juillet, les six pays impliqués dans l'offre décident de reprendre la discussion à New York, où la résolution 1696 est adoptée le 31 juillet.

partagent les milices de Hassan Nasrallah), et la quête de l'arme nucléaire par l'Iran. Quelles que soient les responsabilités exactes de Téhéran dans le violent conflit de l'été 2006, ils imposent donc un recadrage de la question nucléaire iranienne dans une problématique générale dont le caractère inquiétant ne peut plus échapper à personne.

Si on examine la succession d'événements des quatre dernières années, on ne peut manquer d'être frappé par la montée en puissance de la capacité de nuisance de Téhéran. Et d'ailleurs, à l'exception de la Syrie qui a un accord de défense avec l'Iran[1], la réaction feutrée des pays arabes à la réponse brutale de Tel-Aviv – décidée à saisir l'occasion de l'attaque du Hezbollah pour crever l'abcès d'une menace croissante au nord – montre de façon éloquente qu'ils n'ont aucun doute sur le sujet. Si on se contente d'évoquer les deux principales capitales arabes, Riyad a d'abord à peine caché sa satisfaction de voir Israël pilonner les positions du Hezbollah au Liban[2], et Le Caire, si prompt d'habitude à dénoncer Israël, a fait preuve d'une exceptionnelle modération malgré la violence des bombardements[3]. La montée du « péril chiite » et la crainte

---

1. Téhéran a rapidement déclaré au début de la crise que l'Iran interviendrait si la Syrie était attaquée par Israël.

2. Riyad a condamné l'« action aventureuse » du Hezbollah et a même obtenu une *fatwa* hostile au Hezbollah. Il a fallu attendre le 2 août pour que le prince Saoud al-Fayçal, ministre des Affaires étrangères, se prononce en faveur d'un cessez-le-feu.

3. Il faut dire qu'un navire marchand égyptien a été coulé au large de Beyrouth par un missile de croisière tiré par le Hezbollah dans les premiers jours des hostilités.

des ambitions régionales de l'Iran fournissent une explication évidente à cette attitude. Mais la prise de conscience très vive des capitales arabes n'est pas toujours partagée au-delà de la région. Beaucoup de pays, y compris en Europe, n'ont d'abord vu dans l'agression initiale du Hezbollah qu'une opération de routine, comme il y en avait déjà eu en 2000 et 2001 après le retrait des troupes israéliennes, sans remarquer que la réaction de Tel-Aviv avait alors été incomparablement plus mesurée[1].

C'est que la situation stratégique d'Israël s'est beaucoup aggravée depuis six ans : les liens du Hezbollah et du Hamas se sont renforcés avec un accord bilatéral signé en 2004[2], les grandes villes d'Israël sont progressivement à portée des missiles de Hassan Nasrallah[3] dont l'objectif affiché est

---

1. Le 7 octobre 2000, le Hezbollah enlève trois soldats israéliens ainsi qu'un réserviste (Elhanen Tennenbaum). Des négociations sont engagées qui aboutissent en novembre 2003 à un accord aux termes duquel le réserviste et les corps des trois soldats seront échangés contre 430 prisonniers détenus par les Israéliens. L'échange a lieu le 29 janvier 2004. Le 14 avril 2001, un soldat israélien est tué et les positions du Hezbollah sont attaquées en représailles par Tel-Aviv. Mais la crise est de courte durée et les victimes très peu nombreuses.

2. En fait, après le retrait du Sud-Liban par Israël, le Hamas a pris le Hezbollah pour modèle et, en mars 2004, les deux organisations ont signé un accord pour améliorer leurs entreprises conjointes contre Israël.

3. Des objectifs ont été touchés au-delà de Nazareth, soit à plus de 40 km de la frontière (il s'agit de roquettes Fajr 3). D'autres missiles de 75 km de portée (Fajr 5) seraient disponibles, d'autres encore plus puissants (missiles Zelzal de 150 à 200 km de portée) pourraient menacer Tel-Aviv ou Jérusalem. En outre, on notera que les missiles qui ont coulé un navire marchand égyptien et endommagé un bateau de guerre israélien à 15 km des côtes sont la version iranienne du missile de croisière chinois Silkworm. Pour les vecteurs à courte portée, l'estimation souvent présentée de 10 000 à 15 000 pièces de Katioucha à tête explosive correspond aux déclarations d'Hassan Nasrallah. Mais ils ne constituent plus le cœur de l'arsenal du Hezbollah.

l'élimination d'Israël, et les ambitions nucléaires militaires de l'Iran font l'objet de soupçons précis et largement partagés, ce qui n'était pas le cas en 2000 ou 2001. Pour couronner le tout, le nouveau président iranien tient des propos négationnistes et proclame chaque fois qu'il en a l'occasion son hostilité radicale à l'égard de l'Etat d'Israël. A tort ou à raison, Tel-Aviv considère aujourd'hui qu'on assiste non seulement à une détérioration sensible de son environnement de sécurité, mais aussi à une remise en cause progressive de la légitimité d'Israël[1]. Sa réaction est incompréhensible sans tenir compte de tous les facteurs qui précèdent. Un signe qui ne peut tromper est le soutien apporté aux opérations militaires de juillet par le mouvement de la paix israélien, qui s'est opposé si souvent à l'armée[2].

A l'heure des comptes, il ne suffit pas de faire des discours généraux sur le Liban et de déplorer le destin d'un pays – en effet très malheureux – qui ne parvient à trouver ni l'indépendance ni la paix. Il ne suffit pas non plus de reconnaître le vrai visage du Hezbollah et d'en finir avec les illusions d'un mouvement en voie de « normalisation » alors qu'il est en fait à la fois une machine de prise du pouvoir au Liban, une armée parallèle aux objectifs propres par rapport à Beyrouth[3] et un second

---

1. Voir l'entretien de Tzipi Livni dans *Politique internationale*, n° 112, été 2006.

2. Voir l'article d'Amos Oz dans *Le Figaro* du 20 juillet 2006. Ce consensus n'a commencé à se lézarder qu'au moment où le président israélien a autorisé une vaste opération terrestre au Sud-Liban.

3. L'organisation a des ambitions qui sont directement hostiles à l'instauration d'un Liban indépendant et démocratique. Le Premier

front pour Damas et Téhéran[1]. Il faut aussi s'interroger sur la façon dont cette crise résulte – en partie du moins – de la tolérance internationale envers le patronage iranien et syrien de l'organisation de Hassan Nasrallah et d'une négligence coupable à l'égard de la mise en œuvre d'une partie essentielle de la résolution 1559 de l'automne 2004 : le désarmement des milices. Il n'est pas trop tard pour s'en occuper mais la résolution 1701 est pour le moins évasive sur ce sujet et si la France s'en est inquiétée à juste titre, elle semble oublier qu'elle est l'un de ses principaux auteurs. Il faut enfin se demander si la politique conduite envers Téhéran, qu'il s'agisse des réactions timides aux propos de Mahmoud Ahmadinejad sur Israël à l'automne 2005, qui aurait justifié un rappel des ambassadeurs, ou des constants reculs observés sur le dossier nucléaire depuis l'automne 2003, n'a pas joué son rôle dans la genèse de la crise. Celle-ci a été une tragédie pour le Liban, pour Israël, et pour de nombreux civils de part et d'autre de la fron-

---

ministre libanais Fouad Seniora cachait d'ailleurs à peine en juillet – en privé, il est vrai – son désir que la crise actuelle serve d'occasion pour se débarrasser d'un mouvement très impopulaire dans toute une partie de la population parce qu'il n'est pas perçu comme « libanais » et qu'il met le pays en péril. Mais Fouad Seniora est un Premier ministre très faible, comme l'avait d'ailleurs montré une crise grave avec le Hezbollah et les membres chiites de son gouvernement à l'hiver 2005-2006.

1. Ceci n'est pas très éloigné de ce que le président de la République, en respectant les usages diplomatiques, a dit dans son interview du 14 juillet. Les propos contrastaient avec le discours habituel de la France qui s'est opposée il y a peu à ce que le Hezbollah figure sur la liste des organisations terroristes de l'Union européenne. En revanche, le 30 juillet le ministre des Affaires étrangères évoquera de façon incompréhensible, dans une interview au *Figaro*, le pouvoir stabilisateur de l'Iran.

tière. Mais elle aurait pu permettre de retrouver le sens des responsabilités internationales dans la région et de prendre une fois pour toutes la mesure de la question iranienne. Car, s'il est vrai que le Hezbollah a une certaine autonomie de décision et d'action par rapport à Téhéran, il est difficile d'imaginer que l'Iran n'ait pas au moins donné un feu vert au raid qui a tout déclenché le 12 juillet, compte tenu des contacts qui ont eu lieu à Damas avant l'opération ainsi que des échéances du dossier nucléaire. Et il est irresponsable de ne pas prendre au sérieux ce que les autorités iraniennes déclarent elles-mêmes haut et fort sur l'importance du lien avec Damas, le Hezbollah[1] et le Hamas ainsi que la volonté commune de ces acteurs de venir à bout d'Israël.

Comment tirer les meilleurs enseignements de cette crise ? Telle est à présent la question. La première idée a naturellement été d'aider les autorités libanaises à récupérer le contrôle de l'ensemble du territoire du Liban, ce qui aurait dû être une priorité des grands pays depuis l'adoption de la résolution 1559 en septembre 2004[2]. Mais la seule façon d'y parvenir eût été de déployer une force d'interposition digne de ce nom, c'est-à-dire robuste et cré-

---

1. Hossein Shariatmadari, éditeur du quotidien iranien *Kayhan*, proche du pouvoir, n'a pas hésité à écrire : « Le Hezbollah, c'est l'Iran au Liban. »
2. Les Etats-Unis et la France se sont déclarés unis pour atteindre cet objectif à l'issue du Sommet du G8 à Saint-Pétersbourg. Mais au lieu de projets concrets, on assiste à une longue discussion transatlantique sur l'ordre des priorités à suivre. Cela jusqu'au 5 août, trois semaines après le début des hostilités, où les deux pays parviennent à un compromis aussitôt rejeté par le Liban, puis à l'adoption de la résolution 1701.

dible, ce qui n'a pas été fait, quelles que soient les précisions obtenues à la fin du mois d'août[1]. La lutte avec le Hezbollah ne peut être sous-traitée à Beyrouth sous peine de renoncer au désarmement de ses milices et au contrôle des frontières, ce qui semble de plus en plus être le cas. La question centrale pour l'avenir est bien le désarmement des milices chiites. L'armée libanaise n'a ni les moyens, ni le mandat, ni la volonté de conduire cette tâche. Elle est divisée en nombreuses factions et conserve une relation de client envers Damas qu'illustre éloquemment le chef d'état-major des armées, ouvertement pro-syrien. Les efforts récents pour reconquérir son indépendance se heurtent aux habitudes, à la corruption et aux divisions ethniques au sein de l'armée. Il faudra du temps et de l'énergie pour venir à bout de ces différents fléaux. Tant qu'ils ne seront pas éliminés, la récupération par l'armée libanaise du contrôle du Sud-Liban risque d'être un mirage et 15 000 casques bleus sans règles d'engagement claires n'y changeront rien, à supposer qu'on finisse par les rassembler. Le gouvernement libanais a toujours eu peur d'affirmer sa volonté de reconquérir la souveraineté sur l'ensemble du territoire, une attitude qu'il regrette peut-être aujourd'hui, mais qui ne change rien à son impuissance de fait[2]. On ne

---

1. Une FINUL 2 de l'ONU sans mandat sous chapitre 7 de la Charte des Nations unies associée à l'armée libanaise manque de crédibilité dans une entreprise aussi difficile.

2. En février 2006, le gouvernement libanais a désigné le Hezbollah comme « force de résistance » à l'égard d'Israël, une appellation qui peut tout justifier.

peut guère passer sous silence que le soutien d'Hassan Nasrallah au plan de paix en sept points présenté par Fouad Seniora pendant la crise s'expliquait par le fait que ce plan reprenait l'essentiel des revendications du Hezbollah. Il faudrait donc à présent aller au bout de la logique engagée à l'automne 2004 avec l'adoption de la résolution 1559 et poursuivie après l'assassinat de Rafic Hariri. Cependant, quand on compare les deux résolutions 1559 de 2004 et 1701 de 2005 on a de bonnes raisons d'être circonspect : la seconde ne mentionne pas les milices et se contente de lancer un appel au désarmement. Elle est donc en retrait sur deux points essentiels par rapport à la première. En outre, personne ne sait comment on pourra empêcher les nouvelles fournitures d'armes au Hezbollah (à supposer qu'on veuille vraiment s'attaquer à ce problème, ce qui n'est pas certain). Ces concessions peuvent rendre le cessez-le-feu inapplicable voire préparer d'autres affrontements dans quelques années, éventuellement plus graves.

Mais une réflexion est aussi indispensable sur ce que pourrait faire l'Iran *avec* la bombe, compte tenu des aventures hardies qu'il est aujourd'hui prêt à entreprendre *sans* elle, directement, avec la Syrie, ou par Hezbollah interposé. Un des effets salutaires de cet exercice serait d'écarter définitivement la thèse du pouvoir stabilisateur de l'atome, une proposition qui n'a jamais été soumise à un véritable test, et dont il serait particulièrement irresponsable d'attendre la démonstration en vraie grandeur au Moyen-Orient. Il faut consacrer un peu de temps à cette question. Raymond Aron disait avec sagesse qu'on ne peut traiter de la dissuasion en général, mais que tout dépend de l'identité de celui qu'on dissuade, de ce dont on veut le dissuader, et des moyens dont on dispose pour y parvenir. Même si on ne traite que du premier point, on rencontre d'emblée d'épineuses difficultés quand on cherche à réfléchir au nucléaire au XXIe siècle par rapport au siècle précédent. En effet, si un adversaire ne reconnaît pas votre existence, s'il accorde au suicide une valeur suprême, s'il utilise de surcroît des moyens asymétriques avec une organisation terroriste comme faux nez (ce qui est à peu près la situation de l'Iran vis-à-vis d'Israël), comment réunir les conditions de la dissuasion, pour ne rien dire des conditions d'une dissuasion *stable*[1]? Le dialogue avec cet adversaire n'est guère possible, on peut le soupçonner de ne pas reculer devant une catastrophe potentielle, surtout qu'il affectionne les déclarations messianiques, et les organisations terroristes ayant désormais des moyens jadis réservés aux Etats ne peuvent plus être tenues pour des acteurs strictement secondaires. Comment penser la dissuasion dans cette situation? Et si elle se trouve sérieusement menacée, que devient la fonction stratégique du nucléaire? A moins d'être à même de répondre

---

1. La distinction entre une dissuasion stable et une dissuasion instable est un des grands classiques de la littérature nucléaire. La recherche d'une dissuasion stable a été l'objectif principal de l'affrontement Est-Ouest pendant la guerre froide. On considère souvent que ce point a été atteint après la crise des missiles de Cuba en 1962.

à ces questions de façon convaincante, on peut difficilement discourir sur le nucléaire iranien en se contentant par exemple de dire que, certes, il vaudrait mieux que Téhéran n'ait pas la bombe, mais qu'il faudra bien se faire à l'apparition de cette arme en Iran, qui serait *inéluctable*.

L'actualité aidant, quelques efforts d'imagination pourraient être consentis aux scénarios qui pourraient se présenter dans quelques années au Moyen-Orient si l'Iran n'est pas arrêté dans sa course à l'arme nucléaire. Comment cette arme renforcera à Téhéran le camp des durs – qui seront aussi ceux qui auront permis son acquisition ? Quelles en seront les conséquences internes mais surtout externes ? Quelles pressions pourront être exercées par l'Iran sur ses voisins avec des moyens nucléaires et balistiques conséquents ? Le jour où on se trouvera dans cette situation, on risque, comme aujourd'hui au Liban, de se contenter de réagir, mais dans des conditions autrement graves. Les attaques du Hezbollah à la frontière libano-israélienne se produisant de façon chronique, il faut se demander comment pourrait évoluer un nouvel incident du même type dans quelques années, si l'Iran dispose alors d'une capacité nucléaire déclarée ou supposée. Avec l'expérience de 2006, tant le Hezbollah que l'Iran peuvent compter sur une réaction musclée de la part de Tel-Aviv qui a désormais sur la stratégie et sur l'armement du Hezbollah des informations de première main. Cette réaction pourrait cette fois s'étendre à la Syrie, dont le territoire sert de lieu de transit depuis des années pour les armes d'origine iranienne à destination du Hezbollah – avec l'accord tacite ou même explicite de Damas, et dont surtout les entrepôts de missiles constituent la seule vraie menace militaire que ce pays pose à Tel-Aviv[1]. Le pari d'Israël serait naturellement que l'Iran ne fera pas la guerre pour la Syrie malgré son accord de défense. Cela est sans doute vrai aujourd'hui. Mais qu'en sera-t-il quand Téhéran aura la possibilité de s'engager dans des aventures militaires « à l'ombre » de l'arme nucléaire ? N'est-ce pas très exactement ce qu'a fait le Pakistan en 1999 à Kargil, lorsque Islamabad a cru que l'Inde ne pourrait pas réagir à un franchissement de la ligne de contrôle compte tenu de la démonstration qui avait été faite en 1998 de ses capacités nucléaires ? On objectera que le Pakistan est entre les mains des militaires depuis 1947, même quand les civils occupent le poste de Premier ministre. Mais qui donc bénéficiera en premier lieu de l'arme nucléaire en Iran, si ce n'est l'armée et les Pasdaran ?

Les parallèles qui sont faits entre l'Iran et Israël, où le contrôle politique du nucléaire est indéniable, paraissent bien superficiels. Même les pays de la région ne doutent pas de la fonction d'ultime recours que l'arme nucléaire a pour Tel-Aviv. C'est d'ailleurs ce que l'histoire confirme avec la mise en alerte des moyens nucléaires israéliens

---

1. Le discours du président Assad après la fin des hostilités montre s'il en était besoin son plein soutien au Hezbollah.

dans un seul conflit, celui de 1973, où l'armée israélienne a été prise totalement au dépourvu à la suite d'un raisonnement erroné des services de renseignement israéliens sur les leçons que l'Egypte devait avoir tirées de l'expérience cuisante de 1967. A cette exception près, la discrétion la plus totale est la règle sur l'arme israélienne qui n'a jamais été utilisée comme moyen d'intimidation. C'est probablement la raison pour laquelle, quels que soient par ailleurs les discours des capitales arabes, l'arsenal d'Israël n'a pas modifié les politiques de défense de ces pays – même après les révélations de Mordechai Vanunu [1]. Chacun sait qu'à moins de mettre en cause la survie du pays, cette arme ne sera jamais brandie contre les pays voisins. Il n'en va pas nécessairement de même pour une arme iranienne dont beaucoup de spécialistes estiment qu'elle risque d'amener l'Arabie Saoudite, l'Egypte, voire la Turquie à se doter à leur tour du nucléaire. Non pas nécessairement pour engager une relation de dissuasion, mais pour éviter d'être victime d'une politique de puissance, de chantage ou de coercition de la part d'un pays qui a toujours jugé que la première place lui revenait de droit au Moyen-Orient.

Une réflexion de ce type serait plus utile à la sécurité régionale et internationale que celle qui consiste à spéculer sur le droit de l'Iran au

---

1 Il s'agit d'un des techniciens nucléaires du centre de Dimona, qui a fait en 1986 des révélations fracassantes sur les capacités nucléaires d'Israël.

nucléaire civil, que personne n'a jamais remis en cause, ce que les autorités de Téhéran font semblant d'ignorer [1], ou sur le caractère juste ou injuste du TNP. Car ce traité a été négocié et adopté en 1968 précisément en raison de la conscience aiguë des Etats – après l'explosion chinoise de 1964 – que cette arme présentait, en proliférant dans de nouveaux pays, des dangers sans commune mesure avec ceux des avions ou des tanks, des dangers trop radicaux pour qu'ils puissent être tolérés. Cette conscience, il faut le reconnaître, est beaucoup moins ferme en 2006 qu'elle ne l'était alors, peut-être en raison de la distance qui sépare nos contemporains d'une grande guerre. Il est probable en effet que l'attitude d'un Nikita Khrouchtchev pendant la crise des missiles de Cuba ait un lien avec son expérience de la Seconde Guerre mondiale en Ukraine. Il avait sans doute peine à imaginer un conflit qui serait *pire* encore que celui-là. La guerre froide n'ayant pas été une vraie guerre et n'ayant de ce fait pas touché la conscience des peuples comme l'ont fait les deux conflits de 1914-1918 et de 1939-1945, la qualité de la réflexion stratégique souffre d'une forme d'amnésie de la violence radicale. Pourtant, si l'on y songe, trente-huit ans après la conclusion des négociations du TNP, l'ampleur du risque nucléaire

---

1. Ce droit a en fait été affirmé par les Européens et même les cinq membres permanents du Conseil de sécurité au-delà de ce qu'autorise le droit international, car un pays en situation de violation de ses engagements internationaux perd tout droit aux applications civiles de l'atome. C'est l'article IV du TNP.

est plutôt substantiellement accru par l'apparition de trois éléments : l'absence de *statu quo* dans les régions où sévit la prolifération, la méconnaissance des doctrines d'emploi des nouveaux acteurs, et la montée en puissance de la stratégie du suicide.

La « stabilité » introduite par les armes nucléaires entre l'Est et l'Ouest pendant la guerre froide devait beaucoup au rideau de fer, pour déplaisante que fût cette réalité du partage de l'Europe. Aucun des deux camps ne cherchait vraiment à remettre cette division en cause. Rien de tel entre l'Inde et le Pakistan, qui n'ont pas de frontière internationalement reconnue, dans la péninsule coréenne, où le Nord et le Sud attendent une réunification, ou au Moyen-Orient : seules la Turquie, l'Egypte et la Jordanie reconnaissent l'Etat d'Israël, dont l'Iran dit ouvertement qu'il doit être « rayé de la carte ». La méconnaissance des doctrines d'emploi est un autre facteur à prendre en compte ; de ce point de vue, le parallèle fréquent entre l'Iran et l'Inde ou Israël montre ses limites. Car si le fait de refuser la signature d'un traité pour garder l'option nucléaire ouverte ou pour déclarer ses capacités le jour venu – par des essais nucléaires par exemple – pose bien un problème de sécurité régionale et internationale, il permet aussi d'engager des réflexions voire des discussions sur la sûreté des armes et les doctrines d'emploi. Ce qui est impossible avec un pays qui avance masqué et viole ses engagements sans reconnaître ses ambitions. Du point de vue de la sécurité, la différence est considérable. Enfin, dans la mesure où la logique de la dissuasion repose sur un calcul des risques, on est obligé de s'interroger sur la modification radicale qu'introduit le culte du suicide tel qu'il existe en premier lieu en Iran depuis la révolution islamique de 1979. A quel calcul est-on ouvert dans de telles conditions ?

On peut tirer de ce qui précède bien des conclusions, mais il en est une qu'on ne peut guère éviter : les conditions de la dissuasion nucléaire, toujours problématiques pendant la guerre froide, deviennent franchement acrobatiques au XXIe siècle, *tout particulièrement au Moyen-Orient*. C'est pourquoi il est dangereux de ne pas faire tout ce qui est au pouvoir des principaux pays, à commencer par les membres permanents du Conseil de sécurité, pour arrêter l'Iran dans sa course au nucléaire. Au moment où la crise de l'été 2006 a éclaté au Liban, c'était d'ailleurs le chemin qui semblait enfin pris, avec une déclaration ferme adoptée à Paris le 12 juillet et un retour au Conseil de sécurité pour rendre obligatoire la suspension des activités d'enrichissement et de retraitement. Une décision qu'on avait attendue en 2003, en 2004, en 2005 et en février 2006 quand a eu lieu le premier transfert du dossier iranien au Conseil de sécurité. En d'autres termes, c'était donc, après presque trois années, très exactement ce que l'Iran avait cherché à éviter depuis l'automne 2003. Ceci explique peut-être cela. Car ceux qui prétendent qu'on ne peut rien faire sur le dossier nucléaire iranien ne s'interrogent jamais sur les raisons pour lesquelles, dans les faits, l'Iran a développé une intense activité diplomatique pour éviter à tout prix une discussion sérieuse à New York sur son cas. Une des raisons en est assurément que cela devait détruire l'argument – utile à l'intérieur – d'une confrontation avec les seuls Etats-Unis, mais les négociateurs de l'équipe Khatami n'ont jamais caché la crainte qu'ils avaient aussi des conséquences économiques immédiates d'un traitement sérieux de leur dossier au Conseil de sécurité. Même en l'absence de sanctions. La diplomatie arrivant près de son point d'épuisement, l'Iran a pu souhaiter lancer à la fois une opération de diversion et un avertissement indirect sur ses capacités de nuisance. Telle est du moins la conviction dans la plupart des capitales occidentales.

C'est en effet à quelques jours du G8, alors qu'on attendait toujours une réponse de Téhéran sur l'offre mise au point un mois et demi plus tôt par les six pays mentionnés plus haut, que le Hezbollah lance une série de roquettes sur le territoire israélien, tuant huit soldats et en enlevant deux autres près de la frontière israélo-libanaise. Cette attaque n'avait aucune justification, mais le moment auquel elle a été déclenchée n'est pas indifférent. Israël s'est retiré du Sud-Liban depuis six ans et a évité depuis toute provocation dans la zone malgré le renforcement des capacités militaires des milices qui y sont installées. Les représailles de Tel-Aviv sur le territoire du Liban, dont le gouvernement comprend deux représentants du Hezbollah, ouvrent une crise majeure qui prend dès lors précédence sur le dossier nucléaire iranien au Sommet de Saint-Pétersbourg. Est-ce une coïncidence ? Tant les liens de Téhéran avec l'organisation de Hassan Nasrallah[1] que la date retenue permettent de poser la question. Le jour même de l'attaque, les ministres des Affaires étrangères des pays impliqués dans l'offre de négociation faite à l'Iran en juin se réunissaient à Paris pour tirer les conclusions des entretiens que Javier Solana avait eus avec Ali Larijani la veille à Bruxelles et qui s'étaient soldés par un échec.

La décision d'un retour au Conseil de sécurité paraissait non seulement possible mais probable et c'est d'ailleurs ce qui figure dans la déclaration de Paris du 12 juillet. Cette échéance était préparée de longue date à Téhéran. C'était dans ce contexte défavorable à l'Iran que les chefs d'Etat et de gouvernement des huit pays les plus industrialisés devaient aborder la question de l'Iran au Sommet de Saint-Pétersbourg. Cette réunion était redoutée par les autorités iraniennes, pour des raisons tant politiques qu'économiques, même si le front présentait des failles[2]. Le G8 avait d'ailleurs été mis en garde dès le début juillet contre toute décision concernant l'Iran, qui pourrait, selon le

---

1. Ceux de Mahmoud Ahmadinejad avec le Hezbollah sont bien connus et documentés. Compte tenu du fait que le Hezbollah est un Etat dans l'Etat au Sud-Liban, ce qui est en cause, c'est la présence iranienne dans toute cette région avec des moyens accrus depuis le départ des troupes israéliennes.

2. En fait, le G8 reprendra les termes de la déclaration de Paris du 12 juillet, et notamment la décision de reprendre le dossier iranien au Conseil de sécurité.

ministre des Affaires étrangères Manouchir Mottaki, « gêner l'orientation positive actuelle des négociations [1] ». Mais les négociations sont en fait refusées par Téhéran : le 11 juillet, Ali Larijani, qui est venu à Bruxelles flanqué d'une délégation de seize Iraniens, quitte un Javier Solana exaspéré, et ne peut guère avoir d'illusions sur la suite. Il s'envole alors pour Damas, où il se trouve le jour de l'attaque par le Hezbollah.

Quel que soit le lien effectif entre le dossier nucléaire iranien, les décisions du G8 le concernant et l'attaque du Hezbollah au nord d'Israël, la crise régionale ouverte en juillet aurait sans doute pu être évitée si la communauté internationale s'était préoccupée d'aider le Liban à désarmer les milices du Hezbollah et si on n'avait donné de façon constante à Téhéran le sentiment que ses initiatives les plus provocantes demeuraient impunies mois après mois, année après année depuis maintenant trois ans. Car, d'un côté, le Hezbollah comme les autorités iraniennes sont arrivés à la conclusion qu'ils pouvaient tout se permettre sans rien avoir à redouter, et de l'autre, Israël est de plus en plus convaincu que personne ne cherche sérieusement ni à contrer l'armement croissant du Hezbollah ni à arrêter la marche de Téhéran vers l'arme nucléaire. Sur ce dernier sujet, il faut rappeler que Tel-Aviv, loin de pousser depuis 2003

---

1. Le même déclare le 14 juillet que la communauté internationale et l'ONU doivent « intervenir pour arrêter le crime » que constitue l'offensive d'Israël au Liban.

à une opération militaire contre l'Iran, a soutenu les initiatives diplomatiques des Européens, qui ont de leur côté tenu Israël régulièrement informé des négociations en cours. Peut-on lui reprocher de s'inquiéter aujourd'hui après plus de trois années où l'Iran n'a cessé de déclarer qu'il a utilisé les « négociations » pour travailler en paix à son programme nucléaire, tandis que de nombreuses voix expliquent qu'une arme nucléaire iranienne est inéluctable, qu'elle ne serait pas un si grand mal, voire qu'il faut compter sur le pouvoir stabilisateur de l'atome ? Ce dernier argument est particulièrement pervers car il va jusqu'à justifier l'acquisition de l'arme nucléaire au nom de la sécurité régionale.

L'Iran joue admirablement de nos faiblesses. La façon dont Téhéran a répondu *dans les faits* à l'offre des Européens, des Américains, des Russes et des Chinois dès le 6 juin en donne une illustration troublante. Un des secrets les mieux gardés de la proposition présentée à l'Iran le 6 juin par Javier Solana était le délai dont disposait Téhéran pour répondre à la nouvelle offre des Six (Berlin, Londres, Paris, Washington, Moscou, Pékin). Certes, on savait dès le début du mois qu'il s'agissait « de semaines, non de mois ». Mais on craignait que le délai en question, qui était en fait de trois semaines, ne soit interprété comme un ultimatum. Or la question avait perdu beaucoup de son importance le jour même de la visite de Javier Solana en Iran, car une nouvelle campagne de conversion avait commencé à Ispahan le 6 juin, et de l'UF6 avait été introduit *le même jour* dans la cascade de 164 centrifugeuses de l'installation pilote de Natanz. En d'autres termes, les activités d'enrichissement reprenaient toutes en chœur le jour où Javier Solana remettait l'offre des Six à Téhéran et où il évoquait sur place les discussions « constructives » qu'il avait eues avec Ali Larijani. Plus d'un mois plus tard, Javier Solana entendra le même interlocuteur ne pas même se donner la peine de discuter l'offre du début juin. On se demande pourquoi le représentant de l'Union européenne a été étonné du tour qu'ont pris les événements. S'il avait lu le rapport de l'AIEA du 12 juin, il aurait compris que la vraie réponse avait été immédiatement fournie à Ispahan et à Natanz : non seulement il n'y aurait pas de suspension, comme l'Iran l'avait toujours dit avec une belle constance, mais tout reprenait au nez et à la barbe de Javier Solana, des directeurs politiques des trois capitales européennes et du vice-ministre russe Serguei Kisliak.

La démission des différentes capitales a pris des formes très diverses. Dans certains cas, on a fait semblant de ne voir en Iran qu'un problème d'accès aux techniques civiles de l'atome (un grand nombre de pays en développement), dans d'autres, tout en reconnaissant le problème, on a pris soin de ne jamais l'évoquer publiquement (la plupart des pays arabes à l'exception notable de l'Arabie Saoudite), dans d'autres encore, on a conduit des négociations cruciales avec légèreté, sans prendre la mesure des avertissements de plus en plus nombreux sur la crise en gestation (les Européens). La Chine et la Russie, de leur côté, ont ouvertement proliféré en Iran et les informations disponibles à ce jour sur les échanges qui ont eu lieu entre Pékin, Moscou et Téhéran ne sont probablement pas complètes. On pourra aussi leur reprocher d'être revenues constamment sur leurs engagements[1]. Quant à Washington, après avoir été la première capitale à attirer l'attention du reste du monde sur le programme nucléaire iranien dans les années 1990, elle n'a jamais défini de politique claire à l'égard d'une question aussi cruciale pour la sécurité du Moyen-Orient. Enfin, l'AIEA a tout fait depuis 2003 pour éviter un transfert du dossier iranien au Conseil de sécurité. L'Agence de Vienne a de surcroît mis récemment à l'écart deux inspecteurs trop capables à la demande de Téhéran, qui a encore refusé en août 2007 un visa d'entrée à un troisième inspecteur. Cet ensemble de lâcheté, d'incompétence ou d'irresponsabilité a permis d'aboutir à la situation actuelle. Les demandes du conseil des gouverneurs de l'AIEA ont été constamment ignorées, comme l'a aussi été la déclaration présidentielle du Conseil de sécurité de mars 2006. Personne ne s'en est formalisé, même ceux qui se sont rendus célèbres par de grands discours sur le droit international. Quand

---

1. Ce fut le cas en mars 2006 après les engagements pris en février à Londres sur l'action du Conseil de sécurité, puis en juillet, quand les deux délégations ont prétendu en chœur à New York ne pas avoir d'instructions, alors que la Russie et la Chine avaient accepté le texte de la déclaration de Paris du 12 juillet.

Mahmoud Ahmadinejad déclare publiquement en avril 2006 qu'il n'a que faire de la déclaration présidentielle du Conseil de sécurité qui vient de lui être adressée, au lieu de passer immédiatement à une résolution sous le chapitre VII de la Charte des Nations unies, on prépare même une nouvelle offre, plus attrayante que les précédentes, et qui sera refusée comme les autres[1]. Fin août 2006, c'est la résolution 1696 du Conseil de sécurité, adoptée le 31 juillet, qui est tenue pour nulle et non avenue par Téhéran. Quelle image donne aujourd'hui le Conseil de sécurité, si ce n'est celle de la Société des nations[2]? Et qu'est-ce qui progresse le plus rapidement en 2006, si ce n'est la force brute et le fanatisme? Le plus honnête serait de commencer à regarder la réalité en face : le conflit libanais a révélé des luttes d'influence beaucoup plus vastes que celles qui ont opposé Israël au Hezbollah. On assiste cet été à un changement d'échelle tant pour la crise nucléaire iranienne que pour celle du Moyen-Orient. Quelles limites au pessimisme dans cette région? On se prend

---

1. Ce que l'Iran a refusé le 22 août, c'est la condition qui avait été mise par les Six à une nouvelle négociation, c'est-à-dire la suspension des activités liées à l'enrichissement et au retraitement. Offrir de nouvelles négociations dans ces conditions revient simplement à continuer à gagner du temps.

2. La coalition construite avec peine le 12 juillet à Paris avec la Russie et la Chine s'est délitée après l'ouverture de la crise au Liban. De ce point de vue, l'opération de diversion de l'Iran a marché, même si le dossier nucléaire iranien continuera d'être abordé à New York en septembre après la non-application par Téhéran de la résolution 1696. Ce que l'on peut redouter à présent, c'est surtout un lien entre les dossiers iranien et libanais, compte tenu de la pression que Téhéran peut désormais exercer sur les pays qui ont engagé des soldats, dont la France.

parfois à songer à la phrase de Fontenelle : « Il faut du temps pour détruire un monde, mais aussi, il ne faut que du temps. »

L'Iran à l'été 2006

Plusieurs éléments autorisent l'interprétation d'une confrontation indirecte d'Israël avec l'Iran au moment de la crise qui oppose Tsahal au Hezbollah. Tout d'abord, cette crise trouve son origine dans une attaque en territoire israélien du Hezbollah, dont l'Iran est le principal soutien depuis son origine. La volonté d'Israël de détruire les positions du Hezbollah au Sud-Liban revenait assurément à lutter contre l'influence de Téhéran – et de Damas avec qui Téhéran est lié par un accord de défense – à la frontière nord d'Israël. Dit ainsi cependant, il serait difficile de comprendre l'ampleur et la violence de la réaction de Tel-Aviv. L'hostilité radicale du Hezbollah à l'égard d'Israël n'a rien de nouveau puisqu'elle date de sa création, en 1982. Les liens avec l'Iran remontent aussi à cette époque, et ils revêtent une dimension tant politique que militaire. En outre, depuis le retrait des troupes israéliennes du Liban en 2000, des patrouilles israéliennes ont déjà été attaquées par les milices d'Hassan Nasrallah à plusieurs reprises. L'une de ces attaques en 2001 a coûté la vie à trois soldats. Il s'est ensuivi non une guerre, mais une longue négociation aboutissant en 2004 à la remise des dépouilles des soldats à Israël et à la libération d'un otage suite à la médiation de l'Allemagne, le Hezbollah refusant tout contact direct avec Tel-Aviv.

Pour comprendre l'embrasement de l'été 2006, il faut donc intégrer un autre facteur : le Hezbollah, loin d'être désarmé comme le demandait la résolution 1559 du Conseil de sécurité depuis septembre 2004, n'a cessé d'augmenter la quantité et la qualité de ses moyens de nuisance. Au moment de l'attaque de juillet 2006, il se trouvait à la tête d'un arsenal – souvent estimé à plus de 10 000 Katiouchas auxquelles s'ajoutent trois types de missiles sol-sol dont la portée varie de 40 à 100 (voire 250) kilomètres et de missiles anti-tanks très performants – transformant sensiblement le type de menace qu'il peut faire peser sur Israël. La source de cet armement est souvent l'Iran, parfois la Russie *via* la Syrie. La crise récente l'a confirmé. Ainsi le missile de croisière qui, en juillet, a endommagé un bateau israélien au large de Beyrouth était une version iranienne du Silkworm chinois. Quant aux missiles antitanks Kovnet, très dangereux pour la phase terrestre, ils ont été produits par la Russie et livrés au Hezbollah par la Syrie. Enfin, une différence fondamentale avec le retrait de 2000 est naturellement la mise au jour des ambitions nucléaires de Téhéran ainsi, jusqu'à présent du moins, que la faillite de ceux qui prétendent les freiner. On trouve désormais regroupées toutes les forces qui rejettent de façon radicale un accord avec Israël : le Hamas, le Hezbollah, la Syrie et l'Iran.

Certes, le Hezbollah dispose d'une certaine marge d'action et ne demande pas le feu vert de Damas ou même de Téhéran pour chacune de ses opérations. L'importance de l'agression du 12 juillet – et sa date – permet cependant de poser la question de la coordination de Hassan Nasrallah avec Téhéran. Contrairement à 2000 et 2001, en effet, l'attaque n'a pas eu lieu dans la zone des fermes de Chebaa (près du mont Dov), mais au-delà de la frontière, en territoire israélien. Elle était de ce fait une violation des règles fixées en 2000 au moment du retrait israélien. Le 12 juillet est en outre le lendemain de l'entrevue entre le principal négociateur iranien, Ali Larijani, et Javier Solana à Bruxelles. La rencontre, qui s'est soldée par un échec, devait avoir lieu la semaine précédente. Elle a été repoussée par l'Iran qui cherche depuis 2003 toutes les occasions de gagner du temps pour avancer dans son programme sans être soumis à des sanctions. Ali Larijani, au cours de cette réunion bruxelloise, ne s'est pas même donné la peine de faire semblant d'avoir examiné l'offre des Six (Etats-Unis, Chine, Russie, France, Royaume-Uni et Allemagne). Or, dès le moment où l'offre a été mise au point entre les six pays et présentée à Téhéran par Javier Solana le 6 juin, il était entendu qu'un refus iranien entraînerait un retour du dossier à New York pour rendre obligatoire la suspension des activités d'enrichissement et de retraitement sur le sol iranien. L'Iran se préparait depuis des mois à cette possibilité. L'implication de Téhéran est aussi attestée par un autre élément factuel : non seulement l'attaque a été précédée d'une réunion à Damas où se trouvaient des représentants du Hamas, du Hezbollah et de l'Iran, mais Ali Larijani, en quittant Bruxelles, s'est envolé pour Damas, où il se trouvait le 12 juillet. De surcroît, le quotidien conservateur iranien *Kayhan*, qui reflète assez précisément les vues du gouvernement de Téhéran, n'a pas hésité à titrer : « Cette guerre est notre guerre », tandis que l'ayatollah Ali Khamenei en personne décrivait le Hezbollah comme « la première ligne de défense des peuples musulmans et des peuples de la région ». Enfin, s'il s'agit, comme le pensent beaucoup de capitales qui ne sont pas seulement occidentales, d'une opération de diversion de Téhéran pour éviter une discussion sérieuse cette fois au Conseil de sécurité sur les violations de résolutions par l'Iran, il faut reconnaître que la manœuvre a porté quelques fruits : certes, à New York, la résolution 1696 a été adoptée le 31 juillet, intimant cette fois à Téhéran de suspendre ses activités liées à l'enrichissement et au retraitement de l'uranium avant le 31 août. Mais l'Iran est tenu désormais par certains pour un acteur clé de la sortie de crise, et a même parfois été crédité d'un « rôle stabilisateur » dans la région par des diplomates occidentaux. C'est un peu surréaliste, mais c'est ainsi.

Sur le plan régional au contraire, à l'exception de Damas, les pays arabes ont eu une réponse remarquablement modérée à la réaction militaire israélienne. La position de la Syrie n'est pas une surprise. Son soutien au Hezbollah est connu et le territoire syrien est en fait le lieu de passage d'une partie importante du ravitaillement des milices chiites. Damas pouvait en outre envisager de tenter un retour au Liban à l'occasion de cette crise, surtout avec un Hezbollah politiquement renforcé à l'issue de la guerre. Fouad Seniora a d'ailleurs été invité à Damas quelques jours après le cessez-le-feu. Mais elle ne souhaitait sûrement pas un affrontement direct avec Tsahal. Certains commentateurs israéliens, comme Efraïm Inbar, pensaient que l'occasion était unique de couper le Hezbollah de sa source de ravitaillement syrienne, en lançant un ultimatum à Damas, mais il n'a pas été suivi. Pour ce qui est de l'Egypte, de la Jordanie, des Emirats arabes unis ou même de l'Arabie Saoudite, ils bénéficieraient tous d'un affaiblissement du Hezbollah et cachaient à peine, au moins pendant la première semaine, leur satisfaction qu'Israël tente d'atteindre cet objectif. Le Hezbollah est perçu dans toute la région comme un agent de l'Iran, dont les ambitions effraient tous ses voisins, compte tenu à la fois des rivalités historiques avec les Arabes et de la montée du chiisme au Moyen-Orient. Mais ces mêmes pays ne reconnaîtraient jamais ce sentiment ouvertement en raison non seulement des dommages causés au Liban mais aussi de la popularité croissante d'Hassan Nasrallah dans les populations arabes que ce conflit n'a fait que renforcer. De ce point de vue, le vote négatif du Qatar sur la résolution 1696 lançant un ultimatum à l'Iran est symptomatique. Les pays arabes sont très conscients des véritables enjeux de cette crise, plus que les pays occidentaux. Mais ils doivent aussi faire preuve de prudence pour des raisons domestiques.

En France, on a d'abord observé en juillet un discours peu complaisant sur le Hezbollah qui faisait un contraste agréable avec certains errements passés. Ceux-ci étaient d'ailleurs difficilement compréhensibles. Au moment de sa création, le Hezbollah avait pour mission principale d'expulser non seulement les troupes israéliennes du Liban, mais toutes les troupes étrangères, c'est-à-dire aussi les Américains et les Français qui étaient à Beyrouth sous mandat de l'ONU. Dès avril 1983, les relations du Hezbollah se détériorent avec Paris, car des roquettes sont lancées sur des soldats français, sans faire de victimes, au moment même où une attaque contre l'ambassade américaine de Beyrouth fait plus de soixante morts et cent vingt blessés. En octobre de la même année, l'attaque d'une caserne à Beyrouth a des résultats beaucoup plus graves : deux cent quarante marines et soixante soldats français sont tués. En représailles, la France n'hésitera pas à bombarder un camp du Hezbollah à Baalbek. En décembre de la même année 1983, le Hezbollah tue encore dix soldats français dans le Sud-Liban et l'ambassade de France à Koweït est attaquée à son tour par l'organisation terroriste. Quelques mois plus tard, les Etats-Unis et la France quittent le Liban, mais le Hezbollah ne désarme pas et enlève seize Français entre 1985 et 1987. La négociation pour leur libération a eu lieu avec le commanditaire, l'Iran, qui avait deux raisons principales de s'attaquer à la France : la présence de Chapour Bakhtiar, ancien Premier ministre du Shah, sur le sol français – qui y sera finalement assassiné – et le soutien de Paris à Bagdad pendant la guerre de 1980-1988. Une vague d'attaques terroristes en France est encore attribuée au Hezbollah entre décembre 1985 et septembre 1986. Elle fait treize morts et des centaines de blessés. La classe politique française a toujours été très prudente dans ses déclarations publiques sur le Hezbollah. Une exception : Lionel Jospin en février 2000, qui l'a qualifié de groupe terroriste lors d'une conférence de presse en Israël. Cette attitude est très éloignée de celle du président de la République, qui n'a pas hésité à inviter Hassan Nasrallah au Sommet de la francophonie à Beyrouth en octobre 2002 ! Ce traitement de faveur n'a d'ailleurs pas diminué l'hostilité du Hezbollah à l'égard de la France. Elle s'est à nouveau manifestée au moment de l'adoption de la loi sur le voile, qui a donné lieu à de nouvelles menaces. Mais Paris s'entête et met son veto à l'inscription du Hezbollah sur la liste des organisations terroristes de l'Union européenne. La détérioration des relations avec les autorités françaises date en fait de décembre 2004, quand la chaîne de télévision du Hezbollah – Al-Manar – est bannie en France en raison de ses propos outrageusement antisémites. L'adoption de la résolution 1559, qui contient une obligation de désarmer les milices libanaises et non libanaises, a fait le reste. C'est au terme de ce processus qu'est intervenue la crise de l'été 2006. Il faut espérer qu'elle contribuera à ouvrir les yeux de tous ceux qui avaient encore des doutes sur Hassan Nasrallah et son organisation. Ce « mouvement politique » est sans doute le seul à détenir un tel arsenal meurtrier et à présenter un tel bilan terroriste. Chacun peut aujourd'hui prendre la mesure de sa capacité de nuisance et de son organisation militaire.

On ne peut totalement déconnecter ce conflit de la témérité iranienne sur le dossier nucléaire, qui n'a fait que croître et embellir dans les dernières années. Les éléments permettant de transmettre le dossier du programme nucléaire iranien au Conseil de sécurité étaient en effet disponibles en septembre 2003, c'est-à-dire un an après les révélations de l'opposition iranienne en exil. A cette date, le conseil des gouverneurs de l'AIEA a adopté une résolution demandant à l'Iran de cesser les activités qui avaient été dissimulées pendant dix-huit ans et de faire toute la lumière sur les nombreuses questions posées par les inspecteurs. Sinon, le transfert au Conseil de sécurité était présenté comme ayant une forte probabilité. Comme l'Iran ne donnait aucune indication laissant penser qu'il allait se conformer à cette requête, les Européens ont lancé leur initiative diplomatique à l'automne 2003 pour éviter une crise. Le *deal* était alors clair : il s'agissait de suspendre la transmission du dossier au Conseil de sécurité aussi longtemps que l'Iran suspendait de son côté les activités suspectes. L'Iran n'a pas respecté sa part de l'accord – et ce par deux fois – mais les Européens de leur côté n'ont pas mis leur menace à exécution. Il en est résulté une perte progressive de crédibilité de la diplomatie européenne. Téhéran n'a pas hésité à déclarer publiquement qu'elle utilisait les négociations avec Paris, Londres et Berlin pour gagner du temps et que la « suspension » de ses activités ne lui avait pas fait perdre une minute. Aujourd'hui, on est bien obligé de se poser la question de savoir s'il n'eût pas mieux valu laisser le dossier suivre son cours. Car l'argument le plus souvent avancé pour justifier la temporisation – c'est-à-dire gagner le soutien de la Russie et de la Chine pour prendre des mesures à New York – n'a pas vraiment évolué au cours des ans. On continue de l'utiliser en 2006, mais ni Pékin ni Moscou ne paraissent s'émouvoir des nombreux éléments aggravants ayant fait surface depuis 2003, même s'ils ont fini par voter la résolution 1696 du Conseil de sécurité. Ces éléments portent par exemple sur les découvertes révélées grâce à la mise au jour du réseau d'A.Q. Khan, dont des membres ont avoué avoir vendu à l'Iran des centrifugeuses de deuxième génération qui n'avaient pas été déclarées par Téhéran en 2003. C'est aussi le cas d'une offre pakistanaise de 1987, dont on sait à présent qu'elle comportait la technologie de moulage et d'usinage de l'uranium métal, à utilisation exclusivement militaire. L'histoire sera peut-être sévère pour les initiatives diplomatiques européennes, surtout pour la seconde de novembre 2004, qui a suivi une première rupture unilatérale de l'accord d'octobre 2003 par Téhéran. Sans le vouloir, les capitales européennes ont peut-être simplement permis à Téhéran de ne pas être inquiétée quand elle pouvait encore l'être. Car après janvier 2007, le Conseil de sécurité va accueillir l'Indonésie et l'Afrique du Sud comme membres non permanents, ce qui rendra les décisions plus difficiles encore à prendre.

En outre, les pouvoirs de l'AIEA en Iran sont de plus en plus restreints et l'Iran, qui menace en décembre 2006 de les restreindre encore, a déjà éliminé certains des inspecteurs les plus capables, qui n'ont plus accès au territoire iranien. L'AIEA espère que cette vérité, qui ternit sa réputation, ne fera pas trop de vagues. L'inspecteur dont la mise à l'écart a été la plus commentée est Christian Charlier, un inspecteur de nationalité belge, qui n'est pas seulement très compétent, ce qui est toujours un problème pour un pays qui a des activités à cacher. Il a aussi son franc-parler. C'est lui qui, dès 2003, a déclaré qu'il n'avait aucun doute sur la finalité militaire des activités nucléaires de l'Iran. Il n'a pas hésité non plus à dénoncer les conditions dans lesquelles les inspections se déroulent sur le territoire iranien : « Partout où nous allons, quoi que nous fassions, ils nous suivent partout avec des vidéo-caméras et ils enregistrent tout ce que nous disons. Comment dans ces conditions faire notre travail ? » Cet homme de soixante-quatre ans, de nationalité belge, dirigeait une équipe de quinze inspecteurs chargés de l'Iran depuis 2003. Depuis le mois d'avril 2006, et à la demande d'Ali Larijani, il ne peut plus se rendre en Iran. La perte est significative pour tous ceux qui attendent de l'AIEA qu'elle fasse la lumière sur le programme nucléaire iranien, sans complaisance à l'égard de Téhéran. Mais c'est aussi une très bonne chose qu'un quotidien comme *Le Figaro* ait publié un article sur le sujet. Il faut espérer que ce cas sera évoqué au conseil des gouverneurs de l'AIEA, maintenant qu'il s'agit d'une affaire publique, surtout qu'un premier inspecteur, Li, de nationalité coréenne, avait déjà subi le même sort, également à la demande de Téhéran et qu'un troisième, spécialiste de l'enrichissement, s'est vu refuser un visa par l'Iran en août.

On a souvent de la dissuasion une image simple où deux adversaires pourvus de l'arme nucléaire se trouvent *ipso facto*, par le simple fait de la détention de l'arme, en situation de dissuasion. Mais l'histoire n'enseigne rien de tel, même dans la situation à bien des égards simple qui était celle de la guerre froide. Il a fallu des années en effet entre les deux superpuissances pour parvenir à ce que l'on appelle une dissuasion stable, et beaucoup pensent que la terrible crise de 1962, dite aussi crise des missiles de Cuba, a été nécessaire pour l'obtenir. Aucun esprit sensé n'a véritablement envie de connaître une version contemporaine de cette crise, de surcroît au Moyen-Orient. Dans ce contexte régional, trois éléments spécifiques par rapport à l'opposition Est-Ouest doivent être pris en compte. Tout d'abord, le fait que l'Iran ne reconnaît pas l'existence d'Israël et déclare même vouloir sa destruction. En second lieu, l'existence d'une organisation terroriste, le Hezbollah, qui détient progressivement des moyens de destruction lui permettant de faire peser une menace asymétrique permanente sur le cœur d'Israël, est un élément très aggravant. Enfin, l'ignorance de la doctrine d'emploi de l'Iran, qui ne reconnaît pas même sa volonté d'acquisition de l'arme, laisse ses adversaires potentiels dans l'impossibilité de raisonner sur des scénarios précis. La dissuasion suppose un dialogue entre les deux adversaires pour éviter ou réduire des erreurs d'appréciation, qui peuvent avoir des conséquences dramatiques. Ce dialogue est impossible sans reconnaissance mutuelle. Il n'est donc pas certain qu'une arme iranienne ait pour conséquence l'instauration d'une situation de dissuasion entre l'Iran et Israël. Une autre dimension du problème est la façon dont les autres pays de la région réagiraient à une arme iranienne. Les réactions modérées des capitales arabes aux bombardements israéliens au Liban – surtout dans la première semaine des combats – montrent s'il en était besoin à quel point elles craignent le Hezbollah, la montée du chiisme et les ambitions régionales de l'Iran. Le face-à-face Israël-Iran risque de se transformer progressivement en une équation plus complexe où il faudra alors compter avec une « multipolarité nucléaire » qui rendrait le Moyen-Orient définitivement ingérable et totalement imprévisible. Surtout si la dissuasion américaine perd de sa crédibilité dans la région, ce qui peut être le cas compte tenu des nombreux revers de l'année 2006.

Il faut aussi traiter de la question si longuement débattue de la « proportion ». Si on compare l'attaque d'une patrouille, la mort de huit soldats et l'enlèvement de deux autres, même en temps de paix et sans aucune provocation ou justification, avec les bombardements massifs qui ont frappé le Sud-Liban et la banlieue sud de Beyrouth, il y a une disproportion évidente. Si on compare le nombre des morts et des destructions, également. Mais si on tient compte de la volonté affichée du Hezbollah de détruire Israël, de l'augmentation constante de son niveau d'armement, et des déclarations publiques de son principal soutien extérieur, l'Iran, qui compare Israël à une « tumeur », on peut voir les choses différemment. Israël pouvait considérer qu'il y allait en fait de plus en plus de sa survie et qu'il valait mieux porter un coup décisif – ce qui ne fut pas le cas – avant que la situation ne s'aggrave encore. Et le Liban est aussi victime de sa complaisance à l'égard du Hezbollah, qui compte deux ministres au gouvernement Seniora, tout en demeurant un Etat dans l'Etat. Il est intéressant de noter qu'Hassan Nasrallah a soutenu le plan en sept points présenté par Fouad Seniora. Pourquoi ? Tout simplement parce qu'il reprenait les principales revendications du Hezbollah. Les grandes puissances ont aussi leur part de responsabilité car elles n'ont pas veillé à la mise en œuvre du désarmement des milices prévu par la résolution 1559 de l'automne 2004 ; elles ont

réagi beaucoup trop mollement aux propos de
Mahmoud Ahmadinejad sur Israël à l'automne
2005 : il aurait fallu rappeler les ambassadeurs.
Après ces outrances rhétoriques, le président iranien était en droit de se croire tout permis. Enfin,
les principaux pays auraient dû faire preuve de plus
de constance et de fermeté sur la question nucléaire
iranienne. Ils ont donc leur part de responsabilité
dans la genèse de cette crise et dans la fameuse
« disproportion ». Car, d'un côté, le Hezbollah et
l'Iran ont cru qu'ils pouvaient tout se permettre et,
de l'autre, Israël a compris que personne n'arrête-
rait ni l'Iran dans sa course à l'arme nucléaire, ni
le Hezbollah dans sa course à l'armement. Enfin,
si les victimes civiles sont toujours dramatiques,
quelles qu'elles soient, il faut aussi s'insurger
contre l'utilisation constante par le Hezbollah des
boucliers humains et tenir compte des nombreux
témoignages qui existent sur le type de contrôle
social proprement totalitaire que le Hezbollah
exerce sur la population dès l'enfance. Sur ce
thème un excellent article de Jean-Pierre Perrin a
été publié dans *Libération* cet été sous le titre « Le
Hezbollah forme ses martyrs au berceau ». Cela ne
signifie pas que la stratégie suivie par Israël était
la bonne – ce ne fut en fait pas le cas – ni lors de
la large offensive aérienne, où l'armée a clairement
pris le pas sur les civils à Tel-Aviv, ni au moment
de la décision début août d'une offensive terrestre
de grande ampleur. Elle fait d'ailleurs l'objet de
critiques ouvertes dans l'Etat hébreu, où l'IDF est
traditionnellement, avec la Cour suprême, à l'abri

des reproches. Mais quelle solution a été proposée par les différentes capitales pour faire reculer le Hezbollah du Sud-Liban et pour lui retirer ses armes ? En vérité aucune. Et plusieurs mois de présence de la FINUL 2 ne changent rien à l'affaire.

On dit aussi parfois que les Etats-Unis se sont trompés de cible en 2003 en attaquant l'Irak, et qu'ils auraient dû plutôt se préoccuper de l'Iran. Cette affirmation suppose qu'il ait existé à l'automne 2002 un accord au moins, entre les cinq membres permanents du Conseil de sécurité, pour répondre avec vigueur, y compris par la force, aux violations par Téhéran de ses engagements internationaux. A cette date, cet accord était introuvable. Les inspecteurs internationaux commenceront à peine leurs investigations sur le sol iranien en février 2003 à la suite des révélations de l'opposition iranienne en exil. Près de quatre ans plus tard, au moment où le dossier incriminant l'Iran est beaucoup plus précis et chargé, cet accord est *toujours* introuvable. La démonstration récente, à l'été 2006, de la capacité de nuisance de Téhéran même avec des moyens indirects, comme l'utilisation du Hezbollah, n'a rien changé, sinon l'adoption à New York d'un texte qui se contente en fait de renvoyer l'adoption de mesures contraignantes au mois de septembre 2006 dans le meilleur des cas. L'unité retrouvée le 12 juillet à l'occasion de la déclaration de Paris, qui tirait les conclusions de l'absence de réponse positive de l'Iran à l'offre du début du mois, s'est en fait délitée à la suite de la crise ouverte par les tirs du

Hezbollah le même jour. Car certains ont fini par tenir l'Iran pour un des pays clés à la solution de la crise. C'est la raison pour laquelle le ministre français des Affaires étrangères a rencontré son homologue iranien à Beyrouth en juillet. On peut naturellement s'interroger pour savoir quel pays, l'Irak ou l'Iran, présentait les risques les plus graves en 2003. Mais c'est une question largement académique dans la mesure où personne n'était disposé à exercer une pression réelle sur Téhéran à cette date, alors que l'Irak bafouait depuis 1991 les résolutions du Conseil de sécurité et que les sanctions étaient suffisamment détournées de leur but pour permettre à Saddam Hussein de récolter 3 milliards de dollars par an, non soumis au contrôle du comité des sanctions. Que faisait-il avec cet argent ?

Au moment de l'initiative du Hezbollah, un événement très différent se produisait entre Téhéran et Berlin. Le président Ahmadinejad a adressé en juillet 2006 au chancelier allemand, Angela Merkel, une lettre qui n'a pas été rendue publique et qui ne concerne apparemment ni le dossier nucléaire iranien ni la crise ouverte en juillet par le Hezbollah. Le porte-parole du chancelier allemand a déclaré aux journalistes qu'elle contenait « des déclarations qui sont inacceptables pour nous, en particulier à propos d'Israël, du droit à l'existence d'Israël, et de l'Holocauste ». Angela Merkel de son côté, interrogée à la télévision allemande, a indiqué que le président iranien s'était contenté de répéter ses propos antérieurs sur Israël.

Berlin a considéré qu'il n'y avait pas lieu d'apporter une réponse à cette lettre d'une dizaine de pages. C'est une erreur de n'avoir pas rendu cette lettre publique et de ne pas y avoir répondu. Les autorités de Téhéran semblent estimer, sans preuves, qu'elles peuvent gagner une partie de l'opinion publique allemande sur le thème du « traitement injuste » infligé à l'Allemagne en raison de l'Holocauste. Une première tentative en ce sens avait été faite dans un long entretien de Mahmoud Ahmadinejad accordé au magazine allemand *Der Spiegel* avant la coupe du monde de football. Il avait suscité à juste titre une grande émotion en Allemagne. La preuve est ainsi fournie que ce thème n'est pas réservé – comme le prétendent certains – aux populations musulmanes. Il n'en est que plus inquiétant. La société civile a dans ce cas réagi plus vigoureusement que les autorités politiques. En effet, à l'automne 2006, quand une conférence sur l'Holocauste a été organisée à Téhéran par un centre de recherche proche du pouvoir (l'IPIS), cela a donné lieu très vite à l'interruption des relations d'une soixantaine d'institutions travaillant dans le domaine des relations internationales avec ledit centre de recherche iranien.

On ne peut guère imaginer qu'une seule issue positive de la crise de l'été 2006 au Liban. Que les pays arabes modérés, alertés par la détérioration rapide de la sécurité régionale, qui pourrait prendre des proportions insoupçonnées si l'Iran parvient à sanctuariser son territoire avec une arme nucléaire, fassent une alliance contre les radicaux, qu'il s'agisse de l'Iran et de la Syrie, ou du Hamas et du Hezbollah, et proposent une initiative de paix robuste à Tel-Aviv. Si elle comporte une reconnaissance et une renonciation à la violence, ce serait le moment pour Israël de saisir l'occasion offerte. Mais il faudrait beaucoup de courage de part et d'autre, et ce n'est pas la vertu la mieux partagée. Le plus probable est malheureusement que la lenteur et la faiblesse des réactions du Conseil de sécurité aux violations de Téhéran ne conduisent plusieurs pays arabes, et peut-être la Turquie, à revoir leur politique de défense. Des signes existent déjà en ce sens. En outre, le conflit de l'été 2006 ne paraît malheureusement pas terminé.

Les scénarios

Dans certaines situations, il n'y a pas – ou plus – de bon choix possible. Même si rares sont les observateurs qui semblent en avoir pris conscience, c'est un peu ce qu'il se passe à présent avec l'Iran. Après avoir négocié pendant près de deux ans avec Téhéran – « sans illusions », avouent-ils aujourd'hui [1] –, les Européens ont fini par jeter l'éponge. Ne l'ont-ils pas fait trop tard ? C'est une interrogation légitime. En effet, les éléments nécessaires pour transférer le dossier nucléaire iranien devant le Conseil de sécurité des Nations unies étaient disponibles au moins depuis novembre 2003, lorsque les trente-cinq membres du conseil des gouverneurs de l'AIEA

---

1. Un aveu troublant en vérité, car à quoi bon négocier si l'on pense que les négociations ne mèneront nulle part ? Mais il est exact de prétendre qu'au sens strict du terme il n'y a jamais vraiment eu de négociations avec Téhéran, malgré les efforts des Européens. L'Iran n'a jamais accepté la moindre concession sur les deux points principaux : l'objectif de démantèlement des installations du cycle du combustible et l'abandon de l'option d'enrichissement sur le sol iranien.

ont pris connaissance de la liste des violations de l'accord de garanties conclu par l'Iran après sa renonciation volontaire à l'option nucléaire. A cette date, c'était précisément pour empêcher le transfert à New York que les Européens étaient intervenus.

Le *deal* était on ne peut plus clair : Téhéran interrompait les activités nucléaires qu'il avait dissimulées aux inspecteurs internationaux pendant dix-huit ans, et les Européens suspendaient, de leur côté, le transfert du dossier iranien au Conseil de sécurité. A présent que les activités de conversion et d'enrichissement ont repris et que le transfert a été décidé, il est grand temps de s'interroger sur les gains et les pertes de plus de deux années de retard. Car, entre novembre 2003 et février 2006, la situation s'est à bien des égards dégradée : les Iraniens eux-mêmes reconnaissent qu'ils ont réalisé des progrès dans des domaines clés de leur programme nucléaire malgré la suspension agréée avec les Européens, et qu'ils ont pu le faire sans être gênés par des sanctions internationales. Fin mars, on apprenait d'ailleurs que les activités d'assemblage de centrifugeuses à Natanz avançaient beaucoup plus vite que prévu et que la production d'uranium enrichi nécessaire à une première arme pourrait avoir lieu dès 2008, voire fin 2007.

En outre, le régime iranien s'est incontestablement durci avec l'arrivée au pouvoir d'un islamiste radical issu du cœur des Gardiens de la Révolution, dont personne ne peut encore prétendre connaître tous les tours [1] ; l'Iran a procédé, depuis 2003, à la modernisation de son missile Shehab 3, témoignant de progrès technologiques significatifs ; et il n'est pas certain que la détermination de la « communauté internationale » – expression dont le sens varie avec le temps – soit plus affirmée en 2006 qu'en 2003. Il suffit, pour s'en convaincre, de voir les difficultés rencontrées à New York, lors des premières semaines de discussions au Conseil de sécurité en mars [2], sur le texte d'une simple déclaration présidentielle (pas même d'une résolution) qui se contentait initialement de rappeler que la prolifération des armes de destruction massive était une menace pour la paix et la sécurité internationale, et qui reprenait les demandes de l'AIEA ! Compte tenu de ces éléments, n'aurait-il pas été préférable d'aller au Conseil de sécurité en novembre 2003 ? On ne peut s'empêcher d'y songer, voire de répondre d'emblée par l'affirmative.

Nous n'en sommes plus là. Pour évaluer les options qui restent ouvertes, il faut rappeler que les négociations ont toutes avorté depuis 2003, non

---

1. En mars 2006, les autorités iraniennes ont engagé plusieurs actions de répression dans les universités contre les responsables étudiants modérés, dont plusieurs ont été emprisonnés et dont d'autres ont été exclus. Cette répression – qu'il serait plus exact de qualifier de « purge » – s'est étendue aux professeurs et aux administrateurs. En outre, au même moment, on apprenait que le gouvernement de Téhéran établissait un fichier des 350 000 Baha'is iraniens – une minorité religieuse qui a fait l'objet d'une violente campagne de presse.

2. Le processus engagé en mars au Conseil de sécurité devait, selon les Européens, aboutir à une déclaration ferme en une semaine avec un délai de quinze jours donné à l'Iran pour s'exécuter. Cette première étape a donc été un échec.

seulement avec les Européens, mais aussi avec les Russes, pourtant plus complaisants, et qui maintiennent une attitude très ambiguë ; que les découvertes successives des inspecteurs internationaux n'ont cessé d'alourdir le dossier à charge ; que Téhéran a perdu tous ses droits au titre du TNP pour l'avoir violé[1] ; et que l'inquiétude monte dans une région déjà fort instable, où chacun s'interroge sur la façon dont un Iran nucléaire pourra être géré.

L'un des principaux problèmes est que Téhéran n'a, jusqu'à présent, jamais eu aucun prix à payer pour ses frasques diverses. La rupture du premier accord avec les Européens (celui du 21 octobre 2003) a donné lieu à une seconde négociation, plus difficile que la première. Quant à la rupture du deuxième (conclu le 15 novembre 2004), consommée par la reprise des activités de conversion de l'uranium sur le site d'Ispahan en août 2005, elle a montré l'incapacité des trois capitales européennes à mettre leurs propres menaces à exécution. N'avait-on pas, y compris au plus haut niveau de l'Etat, promis un transfert immédiat au Conseil de sécurité en cas de reprise de ces mêmes activités ? L'Iran a donc de bonnes raisons de penser aujourd'hui qu'il peut poursuivre sa politique de confrontation sans conséquences dommageables.

---

1. Cette violation est claire depuis la révélation par l'AIEA en novembre 2005 de la détention par Téhéran des techniques de moulage et d'usinage de l'uranium métal en demi-sphères. Cette acquisition est une violation manifeste de l'article II du Traité de non-prolifération nucléaire, qui interdit de recevoir ou d'acquérir des matières, des équipements ou des technologies pouvant être utilisés pour se doter de l'arme nucléaire.

De fait, après un automne d'inaction presque totale – malgré les outrances verbales inqualifiables du président iranien, traitant Israël de « tumeur » qu'il fallait « rayer de la carte » –, c'est seulement la remise en service de l'usine d'enrichissement de Natanz, en janvier 2006, qui a sifflé la fin de la récréation. Les Européens ont alors enfin compris que le programme iranien se déroulait de façon inquiétante selon un plan conçu de longue date. Ils ont, par surcroît, vu leur capacité de négociation se réduire comme peau de chagrin. Décidés à porter le dossier devant le Conseil de sécurité, ils ont été suivis à l'Agence de Vienne par vingt-sept nations [1], dont trois grands pays en développement : l'Inde, l'Egypte et le Brésil. Il n'est désormais plus possible de prétendre que le problème iranien n'existe que pour Washington, soutenu de façon servile par trois capitales européennes sans autonomie réelle de décision. Mais ce résultat est encore très insuffisant, car la seule question qui vaille est de savoir si l'Iran sera ou non arrêté dans ses ambitions nucléaires. La réponse dépendra de la pression exercée sur Téhéran dans les tout prochains mois – et, donc, de la solution retenue. Que peut-on faire en pratique ?

---

1. Peu de temps auparavant, une réunion avait eu lieu à Londres avec les Russes et les Chinois. Lors de cette réunion, il a été concédé à Moscou et à Pékin que l'envoi du dossier iranien au Conseil de sécurité ne serait assorti d'aucune action avant mars, un mois plus tard. Mais l'accord tacite était alors d'agir précisément en mars, et de le faire rapidement. La Russie et la Chine ne se sont pas montrées disposées à tenir cet engagement.

Première réponse : rien

On oublie trop souvent que l'inaction est non seulement une option toujours ouverte, mais qu'elle a même un grand pouvoir d'attraction. Dans certains cas, c'est le choix de la sagesse : avec le temps, les situations peuvent se dénouer d'elles-mêmes, sans qu'il soit nécessaire d'intervenir. Pour ce qui est de l'Iran, cependant, l'inaction a déjà montré ses effets : le programme nucléaire et balistique a progressé, la crédibilité internationale a régressé, et le régime politique iranien s'est durci à l'extérieur comme à l'intérieur. Chacun peut faire ce constat, dont il a déjà été question plus haut. En principe, donc, l'inaction n'est guère envisageable. Mais c'est compter sans la forte pente des Etats à la démission collective, souvent constatée lorsqu'ils sont confrontés à un adversaire résolu. Le précédent nord-coréen, par exemple, est là pour rappeler que le Conseil de sécurité peut être saisi d'une question stratégique grave sans la traiter pour autant, et cela pendant plusieurs années.

C'est en janvier 2003 que le dossier nord-coréen a été transmis au Conseil de sécurité, et l'on ne peut encore trouver en avril 2006 la moindre trace ne serait-ce que d'une déclaration présidentielle sur le sujet. On avance souvent l'argument de l'opposition chinoise, mais a-t-on vraiment mis Pékin au pied du mur ? Il ne semble pas. Or, à bien des égards, la Corée du Nord est allée beaucoup plus loin que l'Iran dans ses programmes militaires : elle possède des moyens balistiques plus sophistiqués ; elle avoue avoir retraité suffisamment de combustibles pour détenir les matières fissiles nécessaires à plusieurs armes nucléaires ; et elle a même quitté le Traité de non-prolifération en janvier 2003, après avoir ouvertement violé les accords qui la liaient aux Etats-Unis depuis octobre 2004. L'Iran n'en est pas encore là, même si le gouvernement agite à l'occasion la menace d'une sortie du TNP. Ne rien faire pourrait donc consister à emprunter le chemin ouvert par le Conseil de sécurité avec Pyongyang.

D'autres solutions sont possibles, notamment l'adoption d'une déclaration présidentielle sans grande substance – et sans effet aucun sur Téhéran – après quelques semaines de discussions stériles. Ce serait un appel politique comparable à ceux que la Société des nations, célèbre pour ses lâchetés, a pu proférer dans les années 1930. Les membres du Conseil pourraient prétendre avoir « agi », quand ils se seraient contentés de produire un texte sans valeur juridique contraignante, couvrant leur démission. A la fin mars, c'est le scénario qui a été adopté. Après trois semaines de délibérations, le Conseil de sécurité a fini par accoucher d'une déclaration que Téhéran a mis moins d'une heure à rejeter. C'est donc l'indication d'un rythme diplomatique très lent, avec des échéances étalées dans le temps, face à un adversaire qui est, lui, non seulement résolu mais pressé.

Cette option – faut-il le préciser ? – n'a pas la moindre chance de succès et pourrait même précipiter l'usage de la force.

Un compromis

C'est la voie que les Européens ont privilégiée entre le 21 octobre 2003 et le début du mois d'août 2005. Le compromis consistait, pour Téhéran, à rétablir la confiance et, pour les Européens, à garantir l'accès aux usages pacifiques de l'atome. Le bien-fondé d'une option nucléaire pour un pays aussi bien doté que l'Iran en pétrole et en gaz n'a jamais été discuté par les capitales européennes, qui ont considéré qu'il s'agissait là d'un choix souverain. Ce pays avait le droit, s'il le souhaitait, de diversifier ses sources énergétiques. Ce qu'il ne pouvait pas faire impunément, c'était violer ses engagements internationaux, en particulier ses accords de garanties avec l'AIEA et ses obligations à l'égard du TNP. Or Téhéran a trahi les uns et les autres.

Dès le mois de novembre 2003, la violation des accords passés avec l'AIEA était établie dans un rapport aujourd'hui public. Quant au TNP, la cause est entendue depuis que l'Iran a reconnu avoir reçu du réseau d'A.Q. Khan les techniques d'usinage et de moulage de l'uranium métal en demi-sphères : les applications militaires de ces techniques sont, en effet, les seules qui soient connues. Téhéran enfreignait ainsi directement l'article II du TNP.

Il faut examiner la question du « compromis », qui continue d'avoir des adeptes, notamment pour justifier le fonctionnement en Iran d'un nombre restreint de centrifugeuses [1], à la lumière de ces faits. Certains commentateurs sont tellement obnubilés par la fausse alternative « le compromis ou la guerre » qu'ils oublient 1) que le régime actuel n'est pas le régime idéal pour un nouveau round de négociations après deux échecs retentissants en 2004 et 2005 : il est même, plus que son prédécesseur, intrinsèquement incapable d'élaborer des solutions de compromis [2] ; et 2) que tout compromis avec l'Iran est désormais contraire au droit international. A partir du moment où la violation est constatée – or c'est le cas depuis novembre 2003 et, plus clairement encore, depuis septembre 2005 –, l'affaire doit être traitée par le Conseil de sécurité et non plus entre divers négociateurs. En outre, quel que soit le compromis auquel on pourrait aboutir, il reposerait inévitablement sur des

---

1. Il s'agit de permettre le fonctionnement en Iran d'un pilote de 20, 30, ou 164 centrifugeuses. Outre que cela ne constitue nullement une concession de la part de l'Iran à un moment où Téhéran n'est pas encore capable d'une activité d'enrichissement à l'échelle industrielle, il est évident pour tout esprit raisonnable qu'une installation pilote destinée à un usage civil n'a aucun sens si elle ne débouche pas sur des opérations d'envergure industrielle.

2. Les factions qui sont au pouvoir à Téhéran se livrent une lutte sans merci sur toutes les questions de sécurité nationale, au premier rang desquelles se trouve le dossier nucléaire. Ce n'est pas le compromis qui est à l'ordre du jour ; c'est la surenchère. Seule la reconnaissance d'un risque sérieux pour le régime pourrait conduire à des concessions.

variations autour d'un même thème : l'Iran se verrait reconnaître le droit de procéder à des activités de conversion et d'enrichissement sur son sol. Or il faut rappeler, une fois pour toutes, que ces activités n'ont aucune justification économique, puisque l'unique réacteur (russe) dont dispose l'Iran à Boucheir est alimenté en combustible pour sa durée de vie. Enfin, à supposer même que les activités d'enrichissement de Natanz aient une finalité civile, elles ne pourraient pas permettre de produire un combustible adéquat pour le réacteur de Boucheir. Car, pour cela, la Russie devrait donner à l'Iran les codes nécessaires, ce que Moscou n'a jamais fait et n'a pas l'intention de faire. Ces éléments sont trop rarement pris en considération, alors qu'ils ruinent les prétentions iraniennes sur le soi-disant droit « inaliénable » à l'enrichissement.

En ce début de printemps, Téhéran a cherché manifestement, après avoir épuisé le front européen et tout en cultivant le front russe, à ouvrir un front américain, en menaçant Washington d'aggraver encore la situation en Irak si aucun accord n'est passé dans le domaine nucléaire. L'espoir était sans doute d'entrer dans une négociation du type de celle qui a conduit, en 1994, à un accord entre les Etats-Unis et la Corée du Nord[1]. A défaut, il y aura toujours un front chinois ou sud-africain disponible à une étape ultérieure du processus. Ces

---

1. Washington a fait savoir très vite que les discussions avec Téhéran se limiteraient à l'Irak et que le dossier nucléaire était désormais traité par le Conseil de sécurité.

deux pays ont en effet montré l'ambiguïté de leur position à l'égard de Téhéran à maintes reprises. Enfin, la proposition iranienne présentée à Genève aux négociateurs de la Conférence du désarmement en avril 2006 illustre, une fois encore, la volonté de Téhéran de gagner du temps : le texte ne comprend aucune concession. L'Iran a beaucoup appris de la Corée du Nord dans l'art de manipuler les gouvernements.

En tout état de cause, après l'annonce du 11 avril concernant la maîtrise par l'Iran de l'enrichissement de l'uranium, les avocats d'un compromis devraient se rendre à l'évidence, ce qu'ils ne feront probablement pas.

Des sanctions graduées

A l'exception de la mise en place par le Conseil de sécurité d'un régime de vérification très intrusif, notamment dans les sites militaires suspectés d'abriter des activités nucléaires, l'option des sanctions graduées est, à coup sûr, la plus raisonnable. Et c'est la seule – à ce stade – qui ait une chance de succès pourvu que la gradation soit assez rapide et qu'elle aille assez loin. Deux conditions qui paraissent contraires au rythme d'escargot décrit plus haut. Depuis plusieurs mois, pourtant, les éléments modérés à Téhéran font passer le même message aux Occidentaux : si vous ne réagissez pas, vous nous privez de toute possibilité d'action sur place et vous condamnez ce qui reste d'opposition au nouveau régime, lequel profite de la situation pour se durcir. La paralysie des Européens et de la « communauté internationale » entre août 2005 et février 2006 a effectivement renforcé le président, dont le premier gouvernement avait été partiellement rejeté par le Majlis (quatre ministres refusés pour cause d'incompétence, dont celui du pétrole).

En Iran, il existe un consensus sur les usages pacifiques de l'atome, mais non sur un programme militaire assorti de discours incendiaires contre Tel-Aviv. Le prix à payer pour poursuivre la politique de confrontation est aussi le thème de nombreux débats : compte tenu du nombre de jeunes gens qui arrivent chaque année sur le marché du travail (250 000 environ), l'économie iranienne doit créer des emplois. Dans une situation d'isolement international, ce n'est pas chose aisée. Les banques suisses UBS et Crédit Suisse ont déjà fait savoir qu'elles n'accepteraient pas de comptes pour des ressortissants iraniens résidant en Iran et le simple transfert du dossier iranien au Conseil de sécurité a eu des effets sur le commerce avec Téhéran. Enfin, bien peu sont ceux, en dehors de l'appareil d'Etat, qui souhaitent un succès du régime en place, dont les excès font peur aussi bien à l'intérieur qu'à l'extérieur. Une position ferme et claire pourrait conduire le Guide Suprême, Ali Khamenei, qui dispose de la réalité du pouvoir, à s'interroger sur la justesse du choix de Mahmoud

Ahmadinejad à la présidence, voire à s'inquiéter pour sa propre survie politique.

Les Européens ont préparé plusieurs documents sur ce sujet depuis un an environ ; ils ne sont donc pas pris de court. Ils ont évoqué certains éléments du processus envisagé avec les Russes et les Chinois pour connaître leurs lignes rouges. Des sanctions efficaces ne peuvent se contenter, même dans un premier temps, de porter sur les visas les déplacements des officiels iraniens à l'étranger ou la participation à des manifestations sportives. Elles doivent couvrir d'emblée un embargo sur les pièces détachées, dont l'Iran a le plus grand besoin, et sur les produits raffinés du pétrole (à titre d'exemple, 40 % de l'essence consommée en Iran est raffinée à l'étranger, notamment en Inde). Dans un second temps, les investissements étrangers dans les infrastructures devraient être interdits. En principe, ces deux séries de mesures devraient suffire, si elles sont prises rapidement, à faire réfléchir les autorités iraniennes, sans qu'il soit nécessaire d'utiliser l'arme d'un embargo sur le pétrole qui effraie tout le monde – et surtout la Chine, qui ne veut pas en entendre parler.

On oublie trop souvent, cependant, que l'Iran a au moins autant besoin de vendre son pétrole que le reste du monde de l'acheter. Sans pétrole, l'économie iranienne n'existe plus (il représente 80 % de ses exportations et 40 % du budget de l'Etat). S'il semble irréaliste – ou plutôt inacceptable pour Moscou et Pékin – de s'engager dans cette direction, une alternative plus douce concernerait, outre les mesures suggérées plus haut, l'interdiction des transactions financières avec l'Iran et le gel des avoirs à l'étranger de toutes les personnalités impliquées dans le programme nucléaire – sans oublier toutes les autorités politiques[1]. Cette dernière mesure présenterait l'avantage d'exposer au grand jour une situation embarrassante pour nombre de dignitaires iraniens, mais aussi de transformer ceux-ci en groupe de pression auprès du gouvernement actuel. En tout état de cause, il faudrait adopter, parallèlement à la politique de sanctions graduées, des mesures destinées à réduire la capacité de nuisance iranienne sur le marché du pétrole en augmentant la production saoudienne, en renforçant la sécurité du détroit d'Ormuz[2] et en développant le système de distribution à partir de la mer Rouge.

L'usage de la force

C'est l'option de loin la moins attractive et celle qui comporte le plus de risques. Si l'on en arrive là, ce sera probablement que de graves erreurs auront été commises au cours des étapes antérieures et, en particulier, qu'aucun plan de sanc-

---

1. Cette mesure a été anticipée par l'Iran qui a procédé à un grand nombre de retraits financiers, notamment des banques occidentales, au cours des derniers mois.

2. Un expert américain, Henry Sokolski, propose d'engager des négociations pour démilitariser le détroit.

tions crédibles n'aura été adopté. Ni les Etats-Unis ni Israël ne seront prêts à se lancer dans une aventure militaire s'ils pensent avoir la moindre chance d'obtenir des résultats par une autre voie. On ne peut cependant pas exclure cette hypothèse, précisément parce que les erreurs d'appréciation et de conduite des opérations diplomatiques sont non seulement possibles mais probables.

Les enjeux sont suffisamment sérieux pour qu'un Iran nucléaire ne puisse être toléré : son pouvoir de nuisance, déjà considérable, en serait décuplé. Téhéran pourrait prétendre contrôler la région du détroit d'Ormuz et devenir la grande puissance du Moyen-Orient au XXIe siècle. Les autres candidats au nucléaire militaire pourraient alors se réveiller, transformant toute cette zone en un vaste ensemble totalement imprévisible. Pour Moscou, qui cherche à revenir dans la région, mais aussi (et peut-être surtout) pour Pékin, l'Iran pourrait en outre se révéler un allié très dangereux pour les intérêts occidentaux. Enfin, la question de la survie d'Israël se poserait en des termes bien plus alarmants qu'aujourd'hui : on ne peut passer par pertes et profits les propos de Mahmoud Ahmadinejad, qui ne sont pas de circonstance et qui reflètent la pensée du milieu des Gardiens de la Révolution auquel il appartient. Il est donc irresponsable de croire qu'une relation de dissuasion peut être instaurée entre l'Iran et Israël dans ces conditions. Avec ces éléments en tête, on comprend le jugement du sénateur McCain : la seule chose qui soit pire qu'une action militaire contre l'Iran est un Iran nucléaire.

Les obstacles à cette option sont connus : l'armée américaine rencontre des difficultés en Irak ; le président Bush est au plus bas dans les sondages ; une élection importante a lieu à l'automne aux Etats-Unis ; les sites nucléaires sont nombreux ; les distances à parcourir importantes ; et toute intervention militaire serait de nature à ressouder le peuple iranien autour du président actuel. Ce sont des arguments de poids. Mais dans quelle situation les pays qui les mettent en avant se trouveront-ils le jour où Téhéran détiendra une arme nucléaire ?

Recourir à la force n'est certes pas souhaitable ; ce n'est, toutefois, pas impossible : il ne s'agirait en aucun cas de détruire tous les sites nucléaires et balistiques, mais uniquement les principaux ; et l'objectif ne serait pas de mettre un terme définitif au programme, mais de le retarder de plusieurs années. Si les Etats-Unis sont incapables de mener une telle action, alors il est inutile qu'ils élaborent des plans compliqués pour savoir comment la VIIe Flotte pourrait contrer une attaque chinoise contre Taiwan, car la difficulté des opérations serait d'un tout autre ordre. Quant à Israël, Ehoud Olmert s'est exprimé avec clarté sur ce sujet : il n'est pas concevable d'autoriser un régime aussi violemment hostile à l'Etat hébreu d'accéder au nucléaire. La raison en est simple : on ne peut bâtir une force de dissuasion avec un adversaire qui refuse votre droit à l'existence.

L'ensemble du dossier iranien [1] a donc été transmis à New York en février. Un délai supplémentaire de trente jours devait permettre d'ultimes discussions, notamment avec Moscou, qui a pris le relais des Européens. La Russie souhaitait montrer ainsi aux autorités iraniennes qu'elle avait tout tenté, et peut-être même qu'elle continuerait d'être un recours : de fait, les visites iraniennes à Moscou et les visites russes à Téhéran ne se sont jamais interrompues et nul ne peut prétendre lire clairement dans le jeu iranien de la Russie [2].

Dans ces conditions, et compte tenu de la réticence des Occidentaux à contraindre Moscou à se montrer plus ferme, l'hypothèse la plus probable est, au printemps 2006, après l'adoption laborieuse de la déclaration présidentielle du 29 mars au Conseil de sécurité, celle de l'inaction sous différentes formes. C'est elle, cependant, qui risque le plus sûrement de conduire à l'option militaire. Elle renforce, en effet, un régime fanatique dont les ambitions constituent une menace pour la région et au-delà, dont les outrances idéologiques ont déjà été exprimées dans des termes inouïs, dont le mili-

---

1. Il s'agit de toutes les résolutions et de tous les rapports sur l'Iran depuis septembre 2002.
2. C'est un jeu qui peut se révéler périlleux l'année où Moscou préside le G8. La Russie ne présente, en effet, ni les garanties démocratiques ni les caractéristiques économiques qui permettent théoriquement d'entrer dans ce club des pays industrialisés. Si elle ne témoigne pas, de surcroît, du sens des responsabilités internationales que l'on peut attendre d'un grand pays, que lui reste-t-il donc pour justifier sa présence dans ce groupe prestigieux ?

tarisme peut servir ces excès et qui pourrait bien répondre à l'incapacité de remplir les promesses électorales de Mahmoud Ahmadinejad par la fuite en avant. Après l'annonce, le 11 avril 2006, de la production d'uranium enrichi avec le pilote de Natanz, ce dernier choix semble bien être celui de Téhéran.

CHAPITRE IV

Les négociations avec l'Europe

La course contre la montre

Le 30 juin 2005, dernier jour de ses fonctions comme directeur des Garanties de l'Agence internationale de l'énergie atomique (AEIA) de Vienne, Pierre Goldschmidt a déclaré qu'il y avait « un sentiment d'urgence » sur le dossier nucléaire iranien et que l'on était dorénavant engagé dans une « course contre la montre ». Ces propos alarmistes ne faisaient aucune référence aux développements politiques intervenus en juin à Téhéran, avec l'arrivée au pouvoir d'un ultra-conservateur à la présidence. Le haut fonctionnaire international avait voulu préserver jusqu'à la fin de son mandat une image technique de ses fonctions et de celles de l'Agence de Vienne. Mais il était difficile de ne pas songer aux élections iraniennes en lisant l'interview accordée au *Figaro* ce même jour. En effet, si les perspectives d'un accord avec l'Iran avaient toujours été minces, en raison du refus de

Téhéran d'éclaircir les principales questions en suspens et de mettre fin à ses activités d'enrichissement et de retraitement, l'arrivée à la présidence de Mahmoud Ahmadinejad, qui marque l'avènement à Téhéran d'une nouvelle génération de conservateurs – et d'un homme impliqué de surcroît dans l'assassinat de trois opposants kurdes à Vienne en 1989[1] –, rendait cet accord pratiquement impossible. C'est ce que les Européens n'ont pas tardé à découvrir, quand ils ont reçu l'insultante lettre de refus à leurs propositions au début du mois d'août.

L'accession au pouvoir du nouveau président, qui a promis lors de la campagne électorale d'œuvrer à la création d'un véritable Etat islamique, consacre incontestablement la victoire de ceux qui défendent en Iran un régime autoritaire. Peu après son élection, il a déclaré : « Nous n'avons pas fait la révolution pour avoir la démocratie », rappelant les propos de l'ayatollah Khomeiny : « Nous vous avons promis la révolution, non la démocratie. » Puis, lors d'une interview à la télévision iranienne le 25 juillet 2005, Mahmoud Ahmadinejad est allé plus loin, faisant l'apologie du « martyre » dans le monde entier, et tenant des propos qui pouvaient être interprétés comme un soutien au terrorisme international. L'élection marque en fait l'aboutissement d'une reconquête du pouvoir engagée par

---

1. Il était responsable de la logistique du commando des tueurs et dirigeait lui-même un deuxième commando qui devait intervenir au cas où le premier échouerait.

les conservateurs à partir de 1999, qui a été facili-
tée par la désillusion de la population à l'égard des
réformes et des réformistes. Le nouveau régime,
ouvertement hostile au monde occidental, présente
une image exactement opposée à celle que chacun
croyait voir venir avant le deuxième tour – y compris les diplomates en poste à Téhéran : un rapprochement avec les Occidentaux, conduit par
Hachemi Rafsandjani sur une base économique et
pragmatique. Certes, dans l'immédiat, le nouveau
président a de nombreux sujets internes – économiques et sociaux – à traiter. Mais la politique
extérieure est aussi devenue un enjeu interne et
ceux qui le soutiennent, notamment les pasdarans,
ne souhaitent pas de compromis avec l'Europe,
dans le domaine nucléaire. Avant même l'intronisation du nouveau président, la reprise des activités de conversion à Ispahan était annoncée dans
une note verbale à l'AIEA le 1er août. Cette reprise
est devenue effective une semaine plus tard. Dans
un scénario extrême, l'affrontement avec l'Amérique, ou plus largement avec l'Occident, pourrait
être recherché pour refaire l'unité nationale autour
des mollahs, qui ont malgré tout perdu le soutien
de la majorité de la population iranienne, ou pour
fournir une explication des problèmes que connaît
cette dernière[1]. Une volonté délibérée d'isolement
et de défi ne peut donc être exclue. Dans une hypothèse moins radicale mais également dangereuse,

---

1. Des sanctions économiques, par exemple, auraient exactement cet
effet politique.

la reprise de la conversion pourrait être menée tambour battant en août et en septembre pour stocker les matières produites dans les tunnels construits près d'Ispahan. Cette nouvelle étape une fois franchie, Téhéran pourrait à nouveau proposer de reprendre les négociations avec les Européens sur l'enrichissement, voire accepter une nouvelle suspension des activités pour un temps, ou même suggérer d'exporter les matières produites en Russie ou en Afrique du Sud pour faire diversion.

La présentation par les trois Européens au début du mois d'août 2005 – après l'intronisation du nouveau président le 3 août – d'une offre globale sur les questions nucléaires, commerciales et de sécurité régionale était un exercice de haute voltige. Paris, Londres et Berlin avaient accepté de se plier à cet exercice en mai, à un moment où Téhéran menaçait déjà de reprendre les activités de conversion de l'uranium [1]. La balle avait ainsi été placée dans le camp des trois capitales, qui ne voulaient alors rien faire qui puisse encourager les plus conservateurs en Iran. Ces excellentes intentions n'avaient plus de raison d'être une fois que ces derniers avaient gagné l'élection. On pouvait certes continuer à simuler des négociations comme si de rien n'était aussi longtemps que l'accord passé en novembre dernier avec Téhéran n'était pas formellement violé. Mais après la reprise des activités de conversion le 8 août, le jeu iranien était devenu clair : une nouvelle étape du programme

---

1. Menace qui a été mise à exécution en août.

nucléaire allait être franchie et la communauté internationale semblait étrangement divisée sur la réponse à apporter, malgré le soutien que l'accord de Paris avait reçu le 29 novembre 2004 de l'ensemble du conseil des gouverneurs.

A l'été 2005, il était en tout état de cause devenu indispensable, comme le recommandaient certains pays du Golfe aux Européens, de non seulement préparer l'étape suivante mais surtout de la mettre en œuvre, pour disposer de ce que les experts nucléaires appellent « une deuxième frappe ». L'existence de celle-ci est la meilleure garantie d'une dissuasion efficace. Des voix se sont élevées en Iran pour dire que la patience iranienne avait des limites. Qu'en est-il de la patience européenne ? Fixer une date limite et rapprochée à l'Iran pour la transparence sur ses activités, la reprise de la suspension, et l'acceptation des « garanties objectives » devenaient des mesures de simple prudence. Ces garanties ont toujours signifié pour les Européens la cessation des activités suspendues. Aujourd'hui plus encore qu'hier, cette définition doit être maintenue. Cela même si les chances d'une acceptation, qui n'ont jamais été grandes, sont devenues inexistantes, quelle que soit la formulation retenue par les Européens. Le nouveau pouvoir doit faire ses choix en connaissance de cause. On a suffisamment souligné l'importance de l'élection présidentielle depuis le début de l'année pour tirer les conséquences du scrutin : l'équipe au pouvoir est perçue comme un danger non seulement à l'extérieur, mais aussi au

Moyen-Orient, dans un contexte où le chiisme connaît de nouvelles avancées. On ne peut guère l'ignorer. On ne peut pas davantage éviter sans perdre la face de mettre à exécution une menace de transfert au Conseil de sécurité qui a été proférée par les autorités politiques des trois pays européens, y compris le président de la République française, en cas de reprise des activités suspendues. On ne peut enfin dissimuler que la nouvelle donne iranienne est un problème pour l'Europe, pour les Etats-Unis et pour la Russie. Ces trois pôles se sont rapprochés sur le dossier iranien depuis quelques mois. Il faut maintenir leur cohésion au moment où l'épreuve de force approche. Mais ce n'est pas l'image qu'offrent Berlin et Moscou en août.

Un regard rétrospectif sur les derniers mois écoulés contribue à éclairer la tactique – sinon la stratégie – iranienne. L'Iran avait compris que le jeu était « gelé » du côté de l'AIEA comme des Européens, voire des Américains, en attendant les résultats de l'élection présidentielle. Tous étaient d'accord pour éviter d'influencer le processus politique de façon négative. Du coup, l'AIEA a produit, en février et en juin 2005, deux rapports oraux du directeur des Garanties, au lieu du rapport écrit du directeur général sur l'Iran qui était de coutume[1]. Et les Européens ont accepté de faire comme si de vraies négociations se déroulaient

---

1. Cela a été présenté par H. Rohani comme une victoire des négociateurs iraniens.

entre janvier et juin 2005, alors qu'il s'agissait d'un dialogue de sourds, où la partie iranienne n'a jamais cherché à donner le change. Quant à Washington, l'acceptation du président Bush de soutenir plus explicitement la tentative européenne comme la présentation de propositions commerciales, même limitées, à Téhéran, constituait des gestes de bonne volonté. Tout cela sans le moindre résultat.

Il faut ensuite considérer l'attitude iranienne lors de la conférence d'examen du Traité de non-prolifération nucléaire en mai 2005. L'objectif était on ne peut plus clair : il s'agissait d'éviter toute référence au cas iranien, qui puisse ultérieurement être utilisée contre Téhéran. La délégation iranienne n'a pas eu à se donner beaucoup de mal pour parvenir à ses fins, car elle a profité de l'obstruction systématique de la délégation égyptienne, d'abord sur la procédure, sujet sur lequel la discussion a duré trois semaines, puis sur les questions de substance, où l'Egypte a déclaré que la conférence ne disposait plus d'un temps suffisant. Il fallait aussi prévenir toute déclaration des cinq puissances nucléaires, un texte préparé par les capitales bien avant l'ouverture de la conférence. C'était là un enjeu beaucoup plus important pour Téhéran, car le texte pouvait être présenté comme un premier accord des cinq membres permanents du Conseil de sécurité sur le cas iranien. Là encore, aidé par la Chine et la Russie, l'Iran a eu gain de cause et aucun texte n'a pu voir le jour. Même si les arguments retenus pour bloquer cette déclaration n'ont pas porté sur l'Iran (la Chine a évoqué la Corée du Nord et la Russie le Traité d'interdiction complète des essais nucléaires [CTBT]), il semble que dans les deux cas, les instructions des capitales étaient d'éviter tout élément de langage négatif sur l'Iran.

Une troisième étape a eu lieu en mai, au moment où l'Iran a menacé de reprendre ses activités de conversion. Le choix du candidat conservateur par le Guide Khamenei était probablement déjà fait à cette date. Tandis que chacun avait en tête pour ce poste l'ancien responsable de la police nationale, Mohammed Baqer Qalibaf, qui bénéficiait d'une certaine popularité dans les sondages[1], c'était le maire de Téhéran, auquel personne ne songeait, qui avait les faveurs de la seule véritable autorité iranienne, et des instructions de vote ont été données aux Pasdarans et aux milices des Bassiji, quelques jours avant les élections. Certes, cette décision peut être un signe de faiblesse et de crainte du changement, une sorte de fuite en avant dont il est peu probable que l'Iran tire bénéfice, mais des conséquences néfastes internes et externes peuvent en découler. Evoquer la continuité du régime parce que l'essentiel du pouvoir reste entre les mains du grand ayatollah Khamenei revient donc à privilégier le principe de plaisir sur le principe de réalité.

Cela étant, les victoires de Téhéran sont surtout

---

1. Mohammed Qalibaf, pilote d'Airbus de 44 ans, avait un important programme social et promettait de transférer le pouvoir à une nouvelle génération.

tactiques, et rien ne permet de déduire que son jeu trop subtil ne renforce pas la méfiance internationale à l'égard de ses intentions réelles. Le succès interne du nouveau régime sera d'autant plus difficile que la porte occidentale risque de se fermer et que « l'option orientale », à laquelle certains semblent à présent croire à Téhéran, comporte des limites technologiques réelles. Le fait d'avoir passé l'épreuve de la conférence du TNP – où la délégation iranienne a été la dernière à prendre la parole – et d'avoir obtenu des Européens qu'ils prennent la responsabilité de la prochaine étape de la négociation correspond à un succès réel. La menace de reprise des activités de conversion en mai 2005 a permis à Téhéran de tester les Européens, et surtout de connaître la procédure qui serait alors adoptée – deux conseils des gouverneurs devraient précéder le passage au Conseil de sécurité : gain de temps appréciable qui est maintenant mis à profit. Mais à quoi bon inquiéter ses voisins – dans tout le Golfe notamment – au moment où les Talibans et Saddam Hussein, deux ennemis redoutables, ont été éliminés ? Comment donner des emplois à la jeune génération iranienne sans soutien occidental ? En 2005, l'Iran a un taux de chômage de 14 % (3 millions de chômeurs) et une inflation de 15 %. Malgré cela, aucun des candidats à l'élection présidentielle n'a présenté de véritable plan économique. Il faudra bien répondre un jour à ces questions de fond. Au moment où la reprise officielle des activités de conversion a eu lieu, en août 2005, il n'est pas sûr que les enjeux stratégiques aient été pesés à Téhéran. Sauf si l'Iran espère sortir indemne de la crise actuelle et reprendre une troisième négociation après avoir franchi une nouvelle étape décisive. Dans ce cas, l'utilisation des Européens par Téhéran deviendra claire pour tous.

Les Européens ont souhaité faire la démonstration qu'ils pouvaient maintenir une unité sans faille entre les trois principales capitales sur les sujets de prolifération nucléaire – surtout après le différend sur l'Irak – et qu'ils pouvaient obtenir des résultats par des voies diplomatiques. De fait, on peut mettre à leur actif la découverte d'activités beaucoup plus sophistiquées que celles qui étaient connues des services de renseignement avant les rapports de l'AIEA. Qu'il s'agisse de l'historique du programme, du nombre des sites, de la nature des activités conduites, des coopérations avec des pays tiers ou du niveau technique atteint, la richesse des informations obtenues est considérable. Une fois encore, la preuve est faite qu'il est difficile de remplacer les inspections sur place. On peut aussi savoir gré aux Européens d'avoir réussi à geler pendant deux ans – à l'exception de la reprise de la conversion en tétrafluorure de concentré d'uranium entre juin 2004 et février 2005 – des activités probablement utiles au programme nucléaire militaire. De fait, plus le temps a passé, plus le périmètre des activités suspendues s'est étendu. La seule lacune importante de l'accord de Paris en novembre 2004 était l'omission du réacteur plutonigène d'Arak dont la construction a d'ailleurs été menée à vive allure depuis. Ce réacteur une fois construit pourra produire 10 kilos de plutonium par an. On peut encore reconnaître que grâce aux Européens, les différents acteurs, notamment les Etats-Unis, l'Europe et la Russie, sont plus proches qu'ils n'étaient deux ans plus tôt. On peut finalement se demander, même si on s'interroge sur les résultats réels de cette « suspension », si d'autres options étaient disponibles.

Cela étant dit, il est regrettable que le Conseil de sécurité n'ait pas été saisi en novembre 2003, comme l'aurait voulu le respect du statut de l'AIEA, non pour prendre une autre voie que la négociation, mais pour accompagner celle-ci d'une menace effective de transfert du dossier à New York en cas de non-respect de l'accord passé. C'est aujourd'hui très exactement ce que les Européens disent à l'Iran, mais c'est à l'automne 2003 que la liste la plus longue des violations de l'accord de garanties signé par Téhéran avec l'AIEA a été établie, et c'était donc à ce moment qu'il convenait d'appliquer les textes. Dans son interview du 23 juillet au journal conservateur *Keyhan*, le docteur Hassan Rohani, principal négociateur iranien, a lui-même déclaré que du point de vue juridique la main des Européens et des Américains était beaucoup plus forte en 2003 qu'en 2005. Il est aussi dommage que le premier accord n'ait pas d'emblée établi le périmètre des activités suspendues au lieu de laisser l'Iran s'engager dans des pourparlers sans fin, où de nombreuses tentatives de séparation des Européens et de l'AIEA ont été faites, parfois avec un certain succès.

L'épreuve de vérité a commencé et 2005 permettra de prononcer un jugement sur la politique adoptée par les trois capitales. Une première indication a été donnée par Téhéran au début du mois d'août avec la reprise de la conversion et une seconde avec le changement du principal négociateur : le docteur Rohani a cédé la place à Ali Larijani, un docteur en physique ultra-conservateur ayant exercé des fonctions de commandement au sein des Gardiens de la Révolution. Compte tenu du redémarrage des activités suspendues, les capitales européennes ont-elles, comme elles le prétendent, bien préparé le plan B ? Bénéficieront-elles du soutien russe sans lequel aucune action ne sera possible au Conseil de sécurité ? Conserveront-elles enfin leur unité au moment où l'Allemagne entre dans une période électorale ? Ces questions n'ont malheureusement déjà pas toutes de réponse positive. Enfin, pour apprécier à sa juste valeur l'apport européen, il faudrait connaître la nature des activités clandestines, la façon dont l'Iran a – ou n'a pas – un besoin vital des activités du cycle civil pour son programme militaire, et l'utilisation qui a été faite par Téhéran du temps des négociations pour progresser dans des secteurs clés. Téhéran aurait par exemple aujourd'hui non pas 164 centrifugeuses comme le prétend l'AIEA mais 4 000, ce qui correspond à des capacités d'enrichissement très supérieures une fois l'étape de la conversion franchie.

L'Iran est souvent présenté comme un cauchemar pour l'Amérique depuis 1979 : Jimmy Carter a perdu ses chances d'un deuxième mandat à cause de l'affaire des otages américains et l'hostilité des autorités de Téhéran – sinon du peuple iranien – pour l'Amérique ne s'est jamais démentie. Cette vision est excessive, car Washington a des préoccupations plus graves, à commencer par l'Extrême-Orient. Mais il est vrai que la fin de la présidence Bush peut être empoisonnée par une nouvelle affaire iranienne après les élections qui viennent de se dérouler à Téhéran. Ce n'est pas tant la participation éventuelle de Mahmoud Ahmadinejad à l'enlèvement des diplomates américains qui est en cause – il n'est pas douteux qu'il faisait alors partie des « durs », mais la CIA n'a pas cautionné les déclarations hâtives de ceux qui prétendaient l'avoir « reconnu » – que la confirmation d'un raidissement du régime, d'un renforcement du pouvoir des Gardiens de la Révolution et de l'échec tant des réformistes que de Rafsandjani, qui étaient loin d'appartenir au même camp mais étaient, les uns comme l'autre, tenus pour favorables à une ouverture. Depuis des décennies, on ne cesse de se tromper sur l'Iran, en prenant nos désirs pour des réalités. Le nouveau président risque aussi d'introduire une brèche entre Washington et Moscou, entre Washington et les Européens, voire entre les Européens eux-mêmes.

La coopération de l'Iran et d'un autre adversaire décidé de Washington, la Corée du Nord, a fait l'objet de plusieurs révélations dans la presse japonaise. Il s'est d'abord agi, en juin 2004, de la présence d'experts iraniens en Corée du Nord pour procéder à des essais de détonique. En juillet 2005, il est question d'experts nord-coréens invités en Iran pour donner à des étudiants et des chercheurs triés sur le volet des cours scientifiques et techniques dans des domaines sensibles. Des Nord-Coréens se seraient aussi rendus sur un site clandestin – en fait une base militaire du nom de Ghadir – destiné à l'enrichissement de l'uranium. Vrai ou faux, il semble en tout état de cause que les relations des deux pays ont fait d'importants progrès au cours de l'année écoulée et que le nombre de Nord-Coréens présents en Iran soit en augmentation. C'est un élément de préoccupation supplémentaire pour Washington, non seulement en raison de ce que les Iraniens et les Nord-Coréens peuvent apprendre les uns des autres, mais aussi parce qu'une coordination diplomatique entre les deux capitales, peut-être plus probable avec le nouveau président, pourrait considérablement compliquer la situation à laquelle il faudra faire face dans les mois qui viennent. Les Etats-Unis ne peuvent en effet songer sans crainte à gérer deux crises à la fois, surtout à un moment où l'engagement des troupes américaines en Irak est condamné à se prolonger[1].

Enfin, Washington ne peut ignorer – à plus long

---

1. En juillet 2005, les pourparlers à six sur la Corée du Nord échouent une nouvelle fois au moment même où Téhéran annonce la reprise des activités de conversion.

terme – le rôle que l'Iran pourrait jouer dans le cadre d'une crise avec la Chine à propos de Taiwan. Pékin a un besoin croissant de ressources énergétiques et cultive Téhéran depuis des années en partie pour cette raison. Le rôle de fournisseur nucléaire (matières, équipements, savoir-faire) joué par Pékin en Iran est à présent connu. La Chine n'a jamais manqué à Téhéran et constitue un soutien beaucoup plus solide que Moscou. L'intérêt de Pékin, ici comme pour la Corée du Nord, est cependant d'éviter la crise et donc de voir les négociations se poursuivre, même si elles ne conduisent à aucun résultat.

La Russie est le plus ambigu de tous les acteurs sur la question iranienne. D'un côté, la coopération russo-iranienne des années 1990, qui était ouvertement proliférante, a pris fin. Les relations entre les Européens et Moscou sont même censées être satisfaisantes. La Russie est régulièrement tenue au courant des négociations conduites par Londres, Paris et Berlin et elle a joué son rôle avec sérieux dans plusieurs circonstances. Par exemple, le contrat signé sur Boucheir, puis celui qui concernait le combustible du réacteur, non seulement ne s'opposaient pas aux ambitions européennes mais montraient l'inutilité d'un cycle du combustible indigène en Iran. En outre, les personnalités russes les plus proches du dossier ont donné des assurances aux Européens à la veille de séances de négociations décisives. Tout n'est pas simple cependant. Par exemple, la délégation russe avait, comme indiqué plus haut, des instructions claires lors de la conférence d'examen du TNP de n'accepter aucune référence critique à l'Iran dans la déclaration des cinq puissances nucléaires. C'est même pour cette raison que la déclaration n'a pas pu être adoptée, même si l'opposition de dernière minute des Russes portait sur des éléments de langage agréés depuis plusieurs semaines concernant un autre sujet : le CTBT.

Un autre exemple est fourni par l'empressement – il est difficile de retenir un autre terme – avec lequel Vladimir Poutine a félicité le nouveau président. Ce fut le premier message de félicitations reçu et il s'agit là d'un message qu'on ne peut ignorer. Une lettre du président Poutine du 25 juin 2005 dresse en outre la liste de toutes les coopérations russo-iraniennes possibles, notamment dans les domaines du pétrole, du gaz et de l'aviation civile. Certes, Moscou bénéficie de la stratégie européenne qui lui permet de tenir le marché des réacteurs et du cycle en Iran. Certes, la Russie n'a probablement pas plus envie que l'Europe d'avoir une puissance nucléaire iranienne à ses portes. Tout cela est vrai. Mais le pouvoir russe n'oublie pas que l'Iran a joué un rôle qu'il tient pour « très positif » sur la Tchétchénie et le Caucase. Cela mérite récompense. L'Iran vient d'ailleurs d'être nommé observateur dans l'Organisation de coopération de Shanghai sur l'Asie centrale. La Russie n'oublie pas non plus que des sanctions pourraient mettre fin à ses intérêts commerciaux et à l'attitude « positive » de l'Iran dans le Caucase. Son attitude au Conseil de sécurité donnerait seule la vraie dimension de son soutien. Dans l'attente de cette épreuve de vérité, force est de constater que Moscou a vraisemblablement une politique moins claire que les Européens n'aimeraient le croire. L'attitude russe au conseil des gouverneurs du 9 août en a encore témoigné.

Dès avant la crise du mois d'août on pouvait à bon droit s'interroger sur le type d'accord qui était possible avec l'Iran. Le dossier européen devait comprendre trois volets : les « garanties objectives » d'un programme nucléaire pacifique, la coopération commerciale et les questions de sécurité. Sur le premier point, quelles qu'aient été les formulations retenues par les Européens, le fond de l'affaire était clair : seule une interruption définitive des activités suspendues pouvait fournir les garanties recherchées. Cela était inacceptable pour le précédent gouvernement et l'est plus encore – si possible – à présent. Sur le second, c'est-à-dire la coopération commerciale, l'*executive order* américain adopté le 29 juin 2005 limitait considérablement les possibilités pour les négociateurs. Sur le troisième volet enfin, quel « dialogue politique » pouvait être envisagé avec un individu aussi fortement idéologique, qui n'avait de surcroît pas changé d'opinion politique depuis sa jeunesse révolutionnaire et dont on découvrait en juillet qu'il avait été impliqué dans le meurtre de trois Kurdes à Vienne en 1989 ? Au moment où l'Iran cherche à franchir une nouvelle étape de son programme nucléaire avec la production d'une quantité suffisante d'hexafluorure d'uranium pour alimenter son parc de centrifugeuses et acquérir l'uranium enrichi nécessaire aux armes, l'amateurisme n'est pas une option possible. Pierre Goldschmidt avait incontestablement raison : la « course contre la montre » est désormais engagée. Cela sonne comme un appel à tous ceux qui ont une responsabilité politique dans ce dossier. Et ce devrait être le meilleur moyen de mobiliser les esprits, en tirant les conclusions qui s'imposent après les trois années de mensonges, de dissimulations, et de violations des accords souscrits par l'Iran. Mais qui a vraiment l'intention de faire preuve de responsabilité ?

Trois Européens à Téhéran

Pauvre Daladier ! On oublie toujours Chamberlain. A la veille d'une négociation très délicate avec l'Iran, en novembre 2004, Jack Straw, le secrétaire au Foreign Office, a cru devoir déclarer publiquement qu'aucune action militaire contre Téhéran ne serait justifiable, ce qui fermait de façon incompréhensible le jeu des négociateurs européens réunis à Paris avec leur interlocuteur iranien[1]. Le propos était d'autant plus étonnant

---

1. Le ministre des Affaires étrangères britannique a déclaré à la BBC qu'« il ne voyait aucune circonstance où une action militaire serait justifiée contre l'Iran ». Ses propos allaient donc bien au-delà de la question de savoir si, oui ou non, une opération militaire pourrait être envisagée au cas où l'Iran ne céderait à aucune pression diplomatique. Il ne s'agis-

qu'il n'éliminait en rien la possibilité de frappes sur les installations nucléaires iraniennes : tant de pays avaient déclaré depuis un an que cette bombe était « inacceptable » ! Certains d'entre eux – qui sait ? – pouvaient être tentés d'en tirer des conséquences pratiques au cas où les Européens ne parviendraient pas à leurs fins. L'hypothèse, pour déplaisante qu'elle fût, devenait même moins improbable si ceux-ci étaient perçus comme voulant aboutir à un accord *à tout prix*. Voilà comment une année de pourparlers entre la troïka France-Grande-Bretagne-Allemagne et l'Iran se terminait de façon peu glorieuse. Mais qui se souciait de gloire [1] ?

Tout avait plutôt bien commencé : en juin 2003, les Européens avaient publié à Bruxelles un document sur la lutte contre la prolifération des armes non conventionnelles [2]. Ils s'étaient rendus à Téhéran en octobre, à un moment où l'AIEA était dans une impasse – l'Iran avait rejeté la résolution adoptée au conseil des gouverneurs de septembre –,

---

sait pas même de savoir si une option militaire permettrait de « régler » le problème nucléaire iranien. Un diplomate aussi chevronné que M. Straw ne peut pas ne pas saisir ce que cette formule (« aucune circonstance ») a de choquant surtout à la veille d'une négociation, compte tenu du principe bien connu en matière de négociation internationale, qui consiste à ne jamais écarter explicitement aucune option sauf à souhaiter rendre le travail de ses adversaires plus aisé !

1. Depuis un peu plus d'un an, le dossier iranien fait penser à un jeu de piste dont la règle principale consisterait à passer l'obstacle du conseil des gouverneurs et à se contenter de reporter l'échéance de trois mois en trois mois. L'Iran fait un meilleur usage du temps qui passe que ceux qui veulent l'empêcher d'acquérir l'arme nucléaire.

2. Document présenté à Thessalonique en juin 2003 qui met l'accent sur l'importance d'une politique européenne active en matière de lutte contre la prolifération nucléaire, biologique, chimique et balistique.

tandis que les Etats-Unis se débattaient dans les difficultés que l'on sait en Irak. Cette initiative diplomatique, qui devait manifester l'efficacité de solutions non militaires aux problèmes posés par la prolifération nucléaire, fournissait aux Français, aux Britanniques et aux Allemands l'occasion d'afficher leur unité quelques mois après l'opération « Iraqi Freedom », qui les avait divisés. Elle a débouché sur la signature, le 21 octobre, d'un accord sur la suspension des activités d'enrichissement et de retraitement, salué de façon unanime. Malheureusement, l'accord n'aura duré que ce que durent les roses : l'Iran mettait fin à la suspension le 22 juin 2004 – sans doute pour fêter l'arrivée de l'été – et brisait les scellés de l'AIEA, non sans l'en avoir préalablement informée[1].

Un an plus tard, c'était le retour à la case départ : l'accord signé par Téhéran avec les Européens le 21 octobre 2003 n'avait jamais vraiment été mis en œuvre ; il était violé ouvertement depuis juin 2004 ; et l'Iran était à nouveau soumis, comme l'année précédente, à la menace à peine voilée d'un transfert du dossier au Conseil de sécurité après la réunion des gouverneurs de l'AIEA en septembre. Entre-temps, les inspecteurs internationaux avaient certes beaucoup appris sur le programme iranien passé[2], mais ils étaient toujours

---

1. L'AIEA a accepté cette initiative, compte tenu du caractère « volontaire » et non pas obligatoire de la suspension demandée par les Européens.

2. Les révélations iraniennes ont souvent été laborieuses : il a, par exemple, fallu attendre de faire la preuve de la présence d'uranium hau

incapables d'en expliquer les éléments les plus sensibles (notamment les travaux entrepris par l'Iran entre 1995 et 2003 sur les centrifugeuses les plus modernes, dites P2, et l'origine des particules d'uranium enrichi prélevées sur plusieurs sites). Cette fois, cependant, l'Europe s'était rapprochée des Etats-Unis et considérait le transfert du dossier iranien au Conseil de sécurité comme une possibilité sérieuse, même si elle n'était pas évoquée ouvertement. Les enjeux de sécurité semblaient, eux aussi, bien compris de part et d'autre de l'Atlantique. La raison n'en était pas seulement le surcroît d'instabilité qu'une arme nucléaire iranienne représenterait dans une région qui n'en avait guère besoin. C'était aussi, après le retrait de la Corée du Nord en janvier 2003, un nouvel échec du TNP, qui risquait de faire imploser un régime multilatéral auquel l'Europe tenait tout particulièrement. Enfin, les Européens n'étaient guère rassurés par les ambitions nucléaires d'un pays dont les vecteurs ne cessaient d'accroître leur portée : la famille des missiles Shehab était désormais capable d'atteindre le Vieux Continent. La situation paraissait donc claire.

Elle ne l'était pourtant point. Car, si l'on dispo-

---

tement enrichi sur des équipements pour que l'Iran reconnaisse des importations, qui se sont révélées être d'origine pakistanaise. Avant ces découvertes, tout était officiellement « indigène ». Autre exemple : ce n'est qu'après les révélations du colonel Kadhafi en décembre 2003 et les premiers résultats de l'enquête sur le réseau pakistanais clandestin d'A.Q. Khan que Téhéran a admis avoir acquis en 1995 des plans de centrifugeuses beaucoup plus sophistiquées que celles qui se trouvaient sur le site de Natanz.

sait pour l'Iran d'une quantité considérable d'indices de toute nature révélant l'existence d'un programme militaire[1] – que même la Russie ne discutait plus[2] –, l'AIEA avait toujours évité soigneusement le mot de « violation » des engagements pris : elle se contentait de relever des « manquements » à l'accord de garanties que l'Iran avait signé avec elle[3]. En outre, s'il était établi que l'Iran avait menti à de nombreuses reprises (sur les activités nucléaires d'une usine censée fabriquer des montres, sur l'acquisition de plans de centrifugeuses sophistiquées auprès du Pakistan, sur l'importation de nombreuses pièces nécessaires à l'enrichissement...), ces mensonges n'étaient pas tenus pour des « preuves » d'un programme militaire[4]. La destruction, en mars 2004, de bâtiments sur le site de Lavizan avant le passage des inspecteurs ainsi que l'excavation de 1 à 2 mètres visant à soustraire aux prélèvements de l'AIEA des quantités importantes de terre furent mentionnées et commentées mais

---

1. La dissimulation d'activités remontant à 1985, les révélations successives et souvent contradictoires des autorités iraniennes, leur double langage permanent, l'acquisition ou les tentatives d'acquisition d'équipements qui n'avaient aucun usage civil possible, le lancement d'un programme anti-économique d'enrichissement par laser. Le dernier rapport de l'AIEA, daté du 15 novembre 2004, identifie quinze différents « manquements » de l'Iran à ses obligations.

2. La Russie est très proche des analyses européennes sur l'Iran. Elle encourage les consultations, mais hésite à saisir le Conseil de sécurité, car cela pourrait selon elle « compliquer la situation ».

3. En réalité, l'accord de garanties et le TNP ont bien été violés, car des matières nucléaires ont été importées sans être déclarées, et elles ont été traitées sur des sites qui ne l'étaient pas davantage tandis que les ambitions nucléaires militaires de l'Iran ne font aucun doute.

4. Le niveau d'exigence actuel dans ce domaine risque d'avoir pour première victime la politique de prévention.

elles ne jouèrent pas de rôle majeur dans le dossier d'incrimination[1]. Les tentatives d'acquisition à l'étranger de divers équipements à finalité militaire potentielle ont été communiquées à l'AIEA, mais, le plus souvent, l'Agence n'en a pas fait état dans ses rapports. Le refus opposé par Téhéran à la demande de l'Agence, exprimée le 13 novembre, d'inspecter le site suspect de Parchin n'a pas non plus été considéré comme un élément significatif[2]. Enfin, la présence sur plusieurs sites de traces d'uranium faiblement et hautement enrichi a alimenté le débat sur les intentions de l'Iran et la réalité de ses activités passées ; elle n'a pas, pour autant, incité l'AIEA à conclure sans ambiguïté à la production d'uranium hautement enrichi sur le sol iranien. Il est vrai que, dans le cas contraire, la transmission au Conseil de sécurité devenait une obligation pour l'organisation et son Conseil.

Du côté de Téhéran, le jeu a toujours été très politique. Les élections de 2004, en offrant au régime iranien un Parlement à ses ordres, n'ont guère contribué à l'assouplir. Déjà, en octobre 2003, au lendemain de la signature de l'accord avec les Européens, le président Khamenei décla-

---

1. Ce site contrôlé par les Pasdaran était suspecté d'abriter les fameuses centrifugeuses de seconde génération dont les plans avaient été livrés par le Pakistan en 1995. Après la destruction du site, l'opposition iranienne a indiqué un second site, toujours situé à Téhéran, où les machines auraient été déménagées.

2. Il y a des raisons de soupçonner ce site d'abriter des activités liées à l'acquisition de l'arme nucléaire dans le domaine des explosifs. Les inspecteurs de l'AIEA ont été autorisés le 12 janvier 2005 à prendre des échantillons dans l'environnement du site, mais non à y pénétrer.

rait que le droit inaliénable de l'Iran au développement des activités nucléaires pacifiques était remis en cause. A l'évidence, une telle déclaration avait pour objectif non seulement de miner un texte dont l'encre était encore fraîche, mais surtout de s'attirer la sympathie des pays non alignés. Ceux-ci considèrent depuis des années que la prolifération est surtout une préoccupation du Nord alors que leurs intérêts portent sur le désarmement nucléaire et les bénéfices civils de l'atome. Le résultat ne s'est pas fait attendre : lors des réunions du conseil des gouverneurs de l'AIEA, le groupe des pays non alignés (dit aussi des 77) a soutenu Téhéran et veillé à adoucir le langage des résolutions. Ce qui a permis à l'Iran de rester évasif sur des questions plus techniques. Il ne s'est, par exemple, pas donné la peine d'expliquer pourquoi un programme électro-nucléaire qui ne comptait qu'un seul réacteur en construction sur le site de Boucheir – dont le combustible devait être fourni par la Russie – justifiait la construction de 50 000 centrifugeuses sur le site de Natanz et une conversion de 37 tonnes de concentré d'uranium menée au pas de charge à l'automne 2004[1] ! Pas plus qu'il n'a jugé utile, en 2003, de préciser comment une usine de cette taille avait pu être construite sans qu'aucune installation pilote[2] ait

---

1. En fait, seule une partie de ce concentré – une vingtaine de tonnes – a pu être convertie avant la pose des scellés par les inspecteurs.

2. Il s'agit d'une installation de taille modeste permettant de tester les différentes composantes de l'usine et de vérifier ainsi que l'installation de taille industrielle fournira les performances requises.

auparavant démontré la fiabilité de la technologie choisie[1].

En fait, les experts comprenaient bien que le but de Téhéran consistait à placer ses interlocuteurs aussi vite que possible dans une situation telle qu'ils devraient s'interroger sur la détention d'une quantité de matières nucléaires suffisante pour construire quelques bombes[2]. Tout le reste était – comme on dit dans les poèmes bucoliques – du pipeau. De la Corée du Nord, l'Iran avait appris l'art d'engager un bras de fer avec la communauté internationale – dont le bras, il faut bien le dire, est généralement assez faiblard. Pour ce qui est du cas d'espèce, ladite communauté a laissé à Téhéran le monopole de la communication, permettant ainsi la propagation de nombreuses contre-vérités. Par exemple, contrairement à ce que prétend Téhéran, les Européens ne lui ont jamais promis de veiller à ce que la question nucléaire iranienne soit retirée de l'ordre du jour du conseil des gouverneurs de l'AIEA. Rien dans le TNP, non plus, ne garantit un « droit » quelconque à l'enrichissement et au retraitement : les auteurs du traité savaient ce qu'ils faisaient[3]. Ce que prévoit le traité, c'est l'accès aux

---

1 Ce pilote existait bel et bien : c'était la prétendue fabrique de montres de Kalaye, où les prélèvements d'uranium enrichi ne sont toujours pas expliqués de façon satisfaisante. Et pour cause ! Certains proviennent probablement de tests sur des centrifugeuses du type de celles qui se trouvent sur le site hyper-protégé de Natanz.

2. A partir du moment où ce doute est installé dans les esprits, la capacité de dissuasion de l'Iran est considérablement accrue.

3. Ce point a été évoqué clairement par l'Union européenne dans ses discussions avec l'Iran. Mais il est très mal compris par la plupart des pays.

bénéfices civils de l'atome, une situation qui peut parfaitement s'accommoder d'une renonciation à l'enrichissement et au retraitement, comme en témoigne la Corée du Sud[1]. Ce pays possède plus de dix réacteurs nucléaires mais, afin de ne pas accroître l'instabilité de la région, reçoit son combustible des Etats-Unis. En outre, lesdits « bénéfices civils » ne constituent un droit que pour les pays qui s'acquittent de leurs engagements. On était donc d'autant plus fondé à exiger de l'Iran une attitude comparable à celle de la Corée du Sud que tous les indices allaient dans le sens d'une violation de ses engagements internationaux.

Personne, en effet, n'a de doutes sur les intentions iraniennes, ni au Moyen-Orient ni nulle part ailleurs : Téhéran veut la bombe[2]. Le dossier est accablant, en dépit des dénégations des responsables iraniens qui protestent régulièrement de leur bonne foi au nom du Coran[3]. Mais l'organisation chargée de donner son avis technique sur le programme ne s'étant jamais nettement prononcée, de nombreux Etats en ont profité pour discuter la réalité du programme militaire, la violation des enga-

---

1. Les expériences conduites en 1982 et révélées récemment par Séoul n'auraient pas dû être menées par la Corée du Sud sans que l'AIEA en ait été informée. Elles constituent une violation caractérisée de ses engagements. Mais elles ne remettent pas en cause le fait que ce pays ne dispose pas de cycle du combustible pour ses réacteurs.

2. Personne ne conteste ce consensus des Iraniens sur l'acquisition de l'arme, mais lorsqu'il s'agit d'affirmer une intention nucléaire militaire, qui constitue une violation du TNP, les esprits se rétractent, comme frappés de stupeur.

3. On a parfois envie de rappeler qu'il ne faut pas invoquer Dieu en vain.

gements pris et, donc, l'opportunité d'une transmission du dossier à New York. Les Chinois ont fait, sur ce sujet, une déclaration solennelle en novembre après une visite à Téhéran où ils s'étaient entretenus de questions pétrolières[1]. La Russie a toujours refusé de prendre position publiquement en faveur de cette transmission. Quant aux pays non alignés, on l'a vu, ils sont difficiles à convaincre. D'autant que la capacité nucléaire israélienne fait chaque année l'objet d'une résolution de la Conférence générale de l'AIEA et que l'Iran tente de faire croire aux pays arabes qu'en se dotant de la bombe il répare une injustice régionale. Dans les faits, les choses sont assez différentes. Téhéran a mis en chantier son premier programme nucléaire dans les années 1970, à une époque où le Shah entretenait avec Tel-Aviv d'excellentes relations, puis il l'a relancé en 1985 en pleine guerre avec l'Irak. Loin de se comporter comme le héraut du monde musulman, l'Iran manifeste avant tout une ambition régionale – ambition qui a d'abord pris la forme d'un programme de missiles de plus en plus performants parce que rien n'interdisait ces développements, contrairement au nucléaire militaire.

Les pays arabes, notamment l'Arabie Saoudite, l'Egypte, mais aussi la Syrie, peuvent voir dans cette nouveauté stratégique la justification d'une

---

1. La Chine a plusieurs raisons d'éviter cette transmission : sa participation au programme iranien, et le précédent qu'une transmission du dossier iranien pourrait créer pour Pyongyang. Or ce dossier ne doit à aucun prix sortir de la zone d'influence exclusive de la Chine.

inflexion possible de leur politique de défense, ou tout simplement de la réouverture de l'option nucléaire pour eux-mêmes. Mais ils ne réagissent qu'avec circonspection aux avancées iraniennes, peut-être pour cette raison même, et laissent les Européens monter au créneau. S'agissant de Riyad, ses relations avec le Pakistan sont si étroites et Islamabad lui doit tant[1] qu'il n'est pas difficile de deviner quelle coopération serait mise en place. Téhéran prétend d'ailleurs qu'elle l'est déjà, ce qui n'est pas impossible. Quant à l'Egypte, il est difficile de croire qu'elle ne savait rien de ce qui se passait en Libye depuis vingt ans[2]. C'est même pratiquement impossible compte tenu des liens qui unissent les deux pays. Quelle que soit l'importance des traces de plutonium ou des activités de laboratoire découvertes récemment par l'AIEA sur le sol égyptien, on peut légitimement soupçonner Le Caire de manquer de transparence. L'ambassadeur d'Egypte aux Etats-Unis – excellent diplomate et homme réfléchi – a déclaré devant 400 personnes réunies pour la Conférence Eisen-

---

1. L'Arabie Saoudite a financé le programme nucléaire pakistanais, comme l'a reconnu publiquement A.Q. Khan en 1998, au moment des essais nucléaires d'Islamabad.

2. Les révélations du colonel Kadhafi, en décembre 2003, sur ses programmes non conventionnels comprennent la reconnaissance d'achats divers, dont deux types de centrifugeuses et un plan d'arme nucléaire auprès du réseau pakistanais d'A.Q. Khan. Les activités nucléaires libyennes n'ont jamais été très développées, mais elles ont compris la mise en place d'un système de dissimulation très sophistiqué avec des installations mobiles. Les relations de Tripoli avec Le Caire sont suffisamment étroites pour que le secret sur une période de vingt ans soit très peu vraisemblable.

hower, qui se tient tous les ans à Washington, qu'une arme nucléaire iranienne aurait sans doute pour effet d'entraîner des changements dans la politique de défense du Caire, même si ceux-ci ne se traduisent pas nécessairement par l'acquisition immédiate de l'arme. Cette déclaration a été appréciée comme elle le méritait. La Syrie, de son côté, a reçu la visite d'A.Q. Khan. Enfin, l'Etat hébreu voit avec inquiétude émerger une capacité nucléaire dans un pays qui n'a jamais reconnu son existence et dont les parades militaires comportent régulièrement des défilés de missiles portant des banderoles où l'on peut lire : « Mort à Israël. » L'attaché de défense français à Téhéran a déjà quitté par deux fois la tribune sur instruction de Paris pour cette raison. On admettra en effet que ce n'est pas la meilleure façon de travailler à l'instauration d'une zone libre d'armes de destruction massive au Moyen-Orient !

On en était là à l'automne 2004 : un premier accord non respecté ; un contexte régional hautement volatil ; des candidats potentiels pour suivre l'exemple iranien ; une Chine nerveuse à l'idée d'un transfert au Conseil de sécurité ; et une administration américaine qui attend l'investiture de janvier pour faire connaître sa politique[1]. C'est le moment que choisissent les trois pays européens impliqués dans la négociation pour faire « une der-

---

1. Pékin invoque sans cesse le cas nord-coréen, comme s'il pouvait s'agir d'un exemple, et recommande « patience et sagesse » aux Occidentaux !

nière tentative » avant le conseil des gouverneurs fin novembre 2004. Dans son principe, l'initiative pouvait à la rigueur se comprendre : les Européens cherchaient ainsi à montrer qu'ils avaient tout tenté avant de s'en remettre au Conseil de sécurité. Mais elle était dangereuse pour au moins trois raisons : la première tient à une excellente règle formulée par Descartes selon laquelle il ne faut pas se fier à celui qui vous a déjà trompé une fois. Or c'est bien ce que l'Iran n'a cessé de faire avec l'Europe, en jouant au chat et à la souris pendant un an, jeu au cours duquel on se demandait parfois qui était le chat. Si l'accord de « suspension » des activités a donné lieu à des interprétations multiples, aucune d'entre elles n'a jamais été appliquée par Téhéran, qui n'a pas même cherché à « faire semblant ». Des acteurs plus fermes auraient pu juger nécessaires de vigoureux rappels à l'ordre, voire l'interruption du processus. Des esprits mieux trempés auraient pu se sentir manipulés de façon humiliante.

La deuxième raison est, elle aussi, liée à l'expérience : l'accord du 21 octobre 2003 a permis à l'Iran de gagner un an, et le risque était le même en novembre 2004. Dans une interview du 5 décembre 2004, Sirus Nasseri, l'un des principaux négociateurs, le reconnaît sans ambages. En acceptant d'engager une nouvelle discussion, Téhéran cherchait juste à « passer » l'épreuve du conseil des gouverneurs et à éviter une crise à un moment où l'Iran n'était pas prêt à l'affronter. Après, on pourrait toujours voir venir. De fait, l'Iran a tenté jusqu'au dernier moment de limiter la portée de l'accord : il a par exemple cherché à maintenir hors contrôles une vingtaine de centrifugeuses[1]. Pis encore : les Européens se sont entendu dire juste avant la réunion de l'AIEA que la résolution qu'ils avaient présentée au conseil de l'organisation ne convenait pas à Téhéran et que, sans « bonne résolution », l'accord signé serait révoqué. Si on lit attentivement l'interview de Sirus Nasseri dont il vient d'être question, il est possible que l'Iran veuille tout simplement profiter des négociations pour poursuivre un programme clandestin non encore identifié.

La troisième raison est moins évidente : jusqu'à une date très récente, le directeur général de l'AIEA n'a pas considéré la suspension des activités demandée par les Européens comme un élément de la politique de l'Agence, y compris lorsque les résolutions des conseils des gouverneurs l'avaient cautionnée. Il considérait que l'accord allait au-delà de ce qui était demandé aux Etats membres. Il y avait là quelque chose d'anormal, car l'AIEA, comme l'ONU, exprime la volonté de ses membres, et l'accord signé avec les Européens n'est pas contraire au statut de l'insti-

---

1. Le 24 novembre, l'Iran a tenté d'empêcher l'AIEA de poser des scellés sur plusieurs dizaines de centrifugeuses, qu'elle prétendait vouloir utiliser à des fins de recherche et développement. Cette demande a été rejetée par les Européens, mais elle montre que l'Iran cherchait encore à la veille de la réunion du conseil des gouverneurs à limiter le périmètre de la suspension. Finalement, ces équipements, qui ne sont pas encore assemblés, ont été placés sous surveillance vidéo et non sous scellés. Une panne des caméras est plus facile à justifier qu'un bris de scellés.

tution. Dès lors qu'un Etat est fortement soupçonné de violer ses engagements, il est naturel, *a fortiori* si l'on veut éviter l'épreuve du Conseil de sécurité, de lui demander de donner des preuves de sa bonne volonté en acceptant des contraintes qu'un pays qui n'a rien à se reprocher n'a aucune raison de refuser. Le programme électro-nucléaire iranien, avec un réacteur unique alimenté par la Russie, ne justifiait en rien un cycle du combustible aussi étendu ! Il était dangereux de ne pas tenir compte de cette réticence de l'AIEA, car elle permettait à Téhéran d'insister sur le caractère volontaire de la suspension, qui pouvait donc être remise en cause à tout moment. De plus, l'Iran ayant réussi à s'insérer dans le groupe de travail chargé par le directeur général de l'AIEA de réfléchir à de nouvelles solutions pour la fourniture de combustibles, les conclusions de celui-ci, attendues au début de l'année 2005, ne risquent pas désormais de heurter de front les intérêts iraniens !

Dans ces conditions, la prudence eût été de mise dans les trois capitales. Le texte initial, beaucoup plus détaillé que celui de 2003 dont il continuait de poursuivre l'objectif principal, était tenu en Europe pour inacceptable par l'Iran à l'automne 2004. Mais le régime iranien a tout de suite compris qu'une négociation pouvait lui servir à passer un cap difficile et que le document des Européens pouvait être utilisé comme simple base de départ. De fait, les discussions, entamées les 5 et 6 novembre et achevées le 14 novembre, ont abouti à un résultat assez différent du document initial : la suspension n'est plus qualifiée d'indéfinie ; elle est seulement soumise à la poursuite des négociations sur les autres sujets (coopération nucléaire, relations commerciales, sécurité régionale). Il n'est plus question explicitement de remplacer le réacteur à eau lourde, de terminer – et pas seulement de suspendre – toute activité d'enrichissement ou de retraitement, ou encore de démanteler les installations. Aucune allusion n'est faite à une éventuelle saisine du Conseil en cas de non-respect des engagements [1]. Avec l'adoption par le conseil des gouverneurs de l'AIEA, le 29 novembre, d'une résolution indiquant que l'Iran s'était *volontairement* engagé à *suspendre* ses activités d'enrichissement et de retraitement et que, par conséquent, cette promesse n'avait aucune valeur juridique contraignante, une nouvelle manche était remportée par Téhéran qui échappait pour la deuxième fois à une saisine du Conseil de sécurité. *Last but not least*, la négociation qui a commencé en décembre [2] se déroule sous la menace permanente d'une reprise des activités de l'Iran car ces pourparlers ont été engagés alors qu'il n'y a pas la moindre chance que les Européens obtiennent gain de cause sur leur principale revendication : le passage de la suspension à la cessation des activités du cycle.

En repoussant systématiquement le recours au Conseil en cas de violation des traités, les partisans

---

1. Les Européens considèrent que cette référence est implicite.

2. Cette négociation concerne trois domaines : la cessation des activités iraniennes en échange d'une coopération nucléaire civile ; les échanges économiques ; et les garanties de sécurité.

du multilatéralisme sont en train de transformer l'ONU en SDN. Un petit retour aux années 1930 ne serait pas inutile : à partir de cette date, les vrais ennuis commencent pour l'organisation – et pour la paix internationale – avec le retrait de l'Allemagne, du Japon et de l'Italie. Depuis la dénonciation du TNP par la Corée du Nord en janvier 2003, on est entré dans une période comparable. L'Europe risque de faire la preuve que sa conception du multilatéralisme correspond très exactement à ce que dénoncent les Etats-Unis : des discussions stériles qui ne servent qu'à entretenir les problèmes, voire à les aggraver.

Si l'on compare ce qui a été jugé suffisant en 1993 pour traduire la Corée du Nord devant le Conseil de sécurité (un simple refus d'accès à deux sites qui aurait permis de dissiper des incohérences dans les déclarations de Pyongyang) avec les multiples pièces à conviction dont on dispose aujourd'hui sur l'Iran, on est frappé par la façon dont la détermination de la communauté internationale a faibli sur les questions de prolifération au cours des dix dernières années. A moins d'attendre l'explosion d'une bombe – auquel cas on jugera à juste titre qu'il est trop tard –, on se demande quelles preuves il faudrait produire pour que la violation des engagements pris soit reconnue et que les conséquences en soient tirées. La liste des méfaits de Téhéran est presque sans fin : dissimulation de sites, de matières, d'activités ; destruction ou remise à neuf d'installations avant inspection ; tentatives d'acquisitions d'équipements à finalité clairement militaire ; modifications des déclarations au fil des découvertes de l'AIEA ; refus d'inspection de sites suspects. Tout y est.

Dans l'immédiat, que serait-il sage de faire ? Se préparer à un éventuel échec des négociations en concertation avec Washington et Moscou tout d'abord, mais aussi prendre des mesures afin de prévenir un éventuel retrait du TNP par l'Iran. On pourrait s'inspirer pour ce faire des principes sagement définis par la France après l'épisode nord-coréen de janvier 2003. A cette occasion, Paris a proposé de geler ou de faire sortir tous les éléments nucléaires importés du territoire d'un pays qui annonce son retrait après avoir contrevenu à ses engagements internationaux. La question est, bien évidemment : comment procéder ? Car on peut supposer qu'un tel gel ou qu'une telle évacuation ne se ferait pas sans difficulté. Il est probable, cependant, que la proposition n'a pas été lancée par la France sans que cet aspect des choses ait été dûment examiné.

Enfin, Paris, Londres et Berlin ne peuvent se laver les mains des conséquences les plus graves que risquerait d'avoir l'apparition d'une arme iranienne : une accélération de la prolifération régionale ; une attaque militaire sur les installations iraniennes ; l'apparition d'une menace majeure pesant sur le sort d'Israël. Se voiler la face ne serait ni lucide, ni responsable, ni courageux. Mais on a parfois le sentiment que la manière des Européens donne une illustration de la technique de négociation qui consiste, pour paraphraser Theodore Roosevelt en le trahissant, à «parler doucement avec une grosse carotte[1]» plutôt qu'à prévoir les solutions disponibles en cas d'échec. Il est rare que cette technique donne des résultats, surtout avec un adversaire intelligent et déterminé. Personne ne peut feindre de l'ignorer.

On a dit en Europe que cette bombe est «inacceptable». Si la seule question qui vaille aujourd'hui est de savoir à quel moment la «suspension» sera à nouveau «suspendue» par l'Iran, peut-être faut-il s'interroger sur ce que ce grand mot implique. Le problème se posera de manière très concrète au mois de mars, date à laquelle les groupes de travail doivent remettre un premier rapport sur l'avancement des négociations. L'Iran, qui a annoncé que la suspension ne durerait que quelques mois, pourrait alors choisir de faire connaître son déplaisir sous un prétexte quelconque et recommencer le jeu déjà bien rodé en 2003 : reprise des activités après avoir informé l'AIEA du bris des scellés. Dans un monde normal, ce serait aux Européens de faire peser sur l'Iran la menace d'une interruption des négociations si sa bonne foi était mise en cause. Mais nous ne sommes pas dans un monde normal. Du moins si l'on entend par là le triomphe du principe de réalité sur le principe de plaisir. Bonne chance donc aux négociateurs !

---

1. «Speak softly and carry a big stick.»

Trois Européens à Téhéran, suite et fin

A l'automne 2005, les jeux semblent faits : les Européens ont décidé pour la troisième fois de remettre à plus tard leur décision de transférer le dossier iranien au Conseil de sécurité, perdant ainsi la crédibilité qui leur restait encore. Certes, les fées n'ont jamais été nombreuses à se pencher sur le berceau des négociations irano-européennes, délicates dès l'origine, mais Londres, Paris et Berlin auraient pu tirer meilleur parti de leur aventure diplomatique. Lorsque le processus a pris forme à l'automne 2003, le *deal* avec Téhéran était dépourvu d'ambiguïté : il s'agissait de suspendre la transmission à New York des violations iraniennes en obtenant la suspension – et à terme le démantèlement – des activités que l'Iran avait dissimulées à l'AIEA pendant une vingtaine d'années. En cas de reprise de tout ou partie de ces activités, le Conseil de sécurité reprenait ses droits. Dès octobre 2003, date du premier accord avec les Européens, il est apparu que Téhéran n'accepterait pas, ou alors sous forte contrainte, de démanteler ses installations de conversion et d'enrichissement ou de remplacer son réacteur plutonigène d'Arak par un équipement moins proliférant. Dès cette date, il était tout aussi clair que la lumière sur le programme nucléaire passé de l'Iran serait d'autant plus difficile à obtenir que les ambitions nucléaires militaires du pays continuaient à franchir de nouvelles étapes. Personne ne peut prétendre avoir été surpris sur ces deux points.

La question n'a donc jamais été le prétendu «droit» au développement du cycle du combustible : l'utilisation de ce thème relevait de la propagande à l'égard des pays en développement mais aussi de la politique interne, car les Iraniens ont découvert avec le reste du monde à l'été 2002 des activités nucléaires secrètes que le pouvoir devait bien expliquer, en disant que le secret était nécessaire pour «protéger» le programme. Mais les autorités, surprises par des révélations inattendues, savaient ce qu'elles faisaient. Et l'Iran sait lire les traités. Il n'ignore pas que les usages pacifiques de l'atome garantis par le TNP sont conditionnels et que le respect de l'engagement pris de ne pas chercher à acquérir la bombe est la première des conditions. La vérité toute simple, c'est qu'en montant une telle opération pendant vingt ans dans la clandestinité, avec des équipements achetés au prix fort au marché noir auprès d'intermédiaires pakistanais, l'Iran avait révélé une détermination à se doter de l'arme qui rendait tout recul hautement improbable. Aucun diplomate européen ne s'est jamais imaginé le contraire. Mais l'on pouvait au moins espérer que Téhéran pèserait les conséquences de ses actes et que l'évolution politique iranienne favoriserait ce processus.

Sur le plan politique tout d'abord, un changement de gouvernement et une orientation plus favorable à l'Occident après l'élection présidentielle de 2005, bien que peu probable étant donné l'évolution observée depuis 1999, ne pouvaient être totalement exclus. Après tout, l'Iran avait besoin de l'ouverture économique pour répondre à la création massive d'emplois qu'exigeait l'arrivée des nouvelles classes d'âge sur le marché : en 2005, le pays compte 3 millions de chômeurs et un taux de chômage de 14 %. Au printemps 2005, c'était ce besoin qui justifiait le pari général à l'Ouest : tous les commentaires vantaient les mérites de la politique future d'Hachemi Rafsandjani, qui n'a pourtant jamais cherché à passer pour un modéré. A l'annonce des résultats, la désillusion fut donc de taille, y compris chez les diplomates en poste à Téhéran, qui avaient encore expliqué entre les deux tours pourquoi l'élection de Mahmoud Ahmadinejad était « impossible ».

Il faut croire que quelque chose est troublé dans la perception occidentale de l'Iran, car voilà bientôt vingt-cinq ans que l'on prend ses désirs pour des réalités. De ce point de vue, on peut saluer une belle continuité. Dans les faits, l'élection d'un ultra-conservateur était pourtant cohérente avec le recul des réformistes qui ont échoué sur toute la ligne dans les dernières années. Dès la semaine qui a suivi l'intronisation du président, le nouveau pouvoir a montré son vrai visage dans trois domaines : les droits de l'individu, avec l'incarcération d'un avocat célèbre, Me Soltani, qui avait reçu en France un prix des droits de l'homme, mais aussi avec le traitement inhumain réservé à son plus célèbre client, Akbar Ganji[1]; le terrorisme, avec l'apologie à la télévision iranienne du « martyre partout dans le monde » par Mahmoud Ahmadinejad, peu après les attentats de Londres; et, enfin, le nucléaire, avec l'annonce le 1er août de la reprise des activités de conversion avant même que l'offre des Européens ait été reçue à Téhéran.

Deuxième volet, la non-prolifération nucléaire : les Européens pouvaient raisonnablement croire, en 2003, qu'ils atteindraient trois objectifs : ralentir le programme nucléaire en obtenant une suspension des activités dont ils souhaitaient à terme le démantèlement; mieux connaître ce programme grâce aux inspections internationales; et obtenir des principales capitales une compréhension croissante des enjeux. A l'automne 2005, que peut-on dire sur ces trois points ? Le deuxième objectif semble atteint. Il n'y a aucun doute que les activités nucléaires de l'Iran sont beaucoup mieux connues à l'été 2005 qu'en février 2003, date à laquelle les inspections ont commencé. Un grand nombre d'informations fournies par l'opposition se sont révélées exactes, ce qui a conduit Téhéran à emprisonner un certain nombre d'« espions nucléaires » dans des quartiers spéciaux. De son côté, l'AIEA a accumulé des données impressionnantes sur les sites et les activités de l'Iran, ainsi que sur les matières et les connaissances en sa pos-

---

1. Akbar Ganji est persécuté depuis plusieurs années par les autorités de Téhéran parce qu'il a dénoncé la corruption et le caractère meurtrier du régime. Il a fait deux grèves de la faim, dont la seconde, en juillet et août 2005, l'a conduit aux portes de la mort.

session. Elle a également fait la preuve d'un certain nombre de violations caractérisées de l'accord de garanties et d'activités : le programme d'enrichissement par laser, par exemple, qui est une absurdité économique pour un programme civil ; la possession de beryllium et de polonium 210, dont les spécialistes des armes nucléaires connaissent bien la fonction ; ou la production d'uranium métal. Les rapports de novembre 2003, de novembre 2004 et de septembre 2005 sont éloquents sur ce sujet, et ils sont de surcroît publics.

Mais de même qu'une bonne psychanalyse n'a de sens que si elle permet de modifier le comportement du patient, de même une bonne compréhension des intentions iraniennes ne sert pas à grand-chose si elle n'incite pas les membres du conseil des gouverneurs et du Conseil de sécurité à se montrer plus fermes. Curieusement, c'est le contraire qui s'est passé. Quand on compare les résolutions de septembre 2003, de septembre 2004 et d'août 2005, on a le sentiment soit que la torpeur de l'été a joué un mauvais tour aux diplomates, soit que l'approche des échéances leur a tout simplement fait peur. Le dernier texte est le plus faible des trois, alors même que les positions de Téhéran se durcissaient après la fermeture de la parenthèse Khatami. Il faut constater, face à une aggravation du dossier, un affaiblissement de la volonté collective, qui a pris un tour pathétique en septembre, quand les Européens ont renoncé à transmettre le dossier à New York, après avoir dit tout l'été que telle serait l'issue d'une reprise de la conversion à Ispahan. Sur la partie la plus politique de leur travail, les Européens ont échoué et ils devront assumer le résultat de cet échec.

Reste le premier objectif. A-t-on du moins ralenti le programme nucléaire iranien ? On aimerait pouvoir répondre par un « oui » franc et massif, mais la réalité est plus complexe. Une première modification des plans de Téhéran est intervenue à l'été 2002 après la fameuse conférence de presse de l'opposition iranienne à Washington [1]. Ces révélations ont surpris l'Iran, et l'ont obligé à produire dans la hâte une stratégie visant à empêcher les inspecteurs internationaux d'en trop apprendre. C'est la raison pour laquelle la toute première inspection qui devait avoir lieu en octobre 2002 a été repoussée à février 2003. Que s'est-il passé pendant ces quatre mois ? On le saura peut-être un jour ; mais, pour l'instant, on l'ignore. Le plus probable est que cette période a été mise à profit pour démonter et dissimuler un certain nombre d'équipements, voire déplacer des matières nucléaires non déclarées. La question prend toute son importance aujourd'hui : ces dissimulations font partie de la face cachée du programme qui va permettre à l'Iran d'entretenir des doutes croissants sur ses capacités réelles.

Une seconde volte-face a eu lieu en octobre 2003 lorsque les Iraniens ont accepté la première suspension demandée par les Européens. Il fallait,

---

1. Il s'agit de la conférence de presse tenue par l'opposition iranienne en exil (NCRI) où les sites de Natanz et d'Arak ont été révélés ainsi que les activités qui s'y déroulaient. Cela obligea l'AIEA et les Etats à engager des inspections sérieuses en Iran.

en effet, s'adapter à une situation où il n'était plus possible, par exemple, d'assembler des centrifugeuses, en tout cas sur les sites déjà connus. Or, l'une des raisons pour lesquelles il est difficile d'évaluer l'impact de la suspension liée aux accords irano-européens tient aux déclarations récentes (juillet 2005) du principal négociateur iranien de l'ancien gouvernement, Hassan Rohani. Selon lui, l'Iran disposerait « d'un nombre considérable de centrifugeuses ». Ce fut une surprise bien désagréable, car s'il y avait une certitude du côté des capitales européennes, c'était que la négociation avait au moins ralenti, sinon gelé, le programme. Pas du tout, affirme Hassan Rohani dans cette interview au journal conservateur *Kayhan* : la négociation a permis à l'Iran de travailler dans la tranquillité (traduire : sans menaces de représailles). On peut évidemment soutenir qu'il s'agit là de propos habiles et à usage interne d'un homme dont le mandat arrive à son terme et qui cherche à justifier son action avant qu'un négociateur beaucoup plus dur, Ali Larijani, prenne la relève. Mais il se trouve qu'en décembre 2004, un autre négociateur, Cyrus Nasseri, s'était exprimé exactement dans les mêmes termes.

En conclusion, voici le bilan probable : 1) Les Européens ont permis à l'Agence internationale de l'énergie atomique de rédiger un rapport accablant sur les ambitions nucléaires de l'Iran, même si l'AIEA cherche à en diminuer la portée. 2) Au fur et à mesure que le dossier prenait du volume, la détermination des Etats – et notamment des principaux négociateurs : les Européens – a eu tendance à fléchir. 3) L'Iran est resté maître du calendrier, soit pour franchir une étape supplémentaire du programme nucléaire, soit pour travailler sur d'autres aspects de ce programme, probablement dans des sites militaires.

Huit questions en suspens

1) Les négociations sont-elles rompues depuis août 2005 ?

Indiscutablement oui, quoi qu'en dise l'Iran. La suspension des activités liées à la conversion, à l'enrichissement et au retraitement devait, selon l'accord de Paris du 15 novembre 2004, durer le temps des négociations. Inversement, ce temps s'arrête dès la reprise de tout ou partie des activités suspendues, ce qui a eu lieu le 8 août à Ispahan. Prétendre, comme le fait Téhéran, continuer à négocier après la reprise de la conversion revient à réaliser un coup de force et à obliger les Européens à accepter un état de fait contraire à l'accord. Les lecteurs de *La Guerre de Troie n'aura pas lieu* de Jean Giraudoux apprécieront à leur juste valeur les exégèses des prises de position de Téhéran pendant l'été 2005 : le nouveau négociateur, Ali Larijani, ne montre aucune « flexibilité » en proposant la poursuite des négociations. Il en va de même lorsque le président annonce de « nouvelles propositions » aux

Européens, qui ne sont jamais venues[1]. Ils cherchent seulement, l'un comme l'autre, à tordre le bras de Londres, Paris et Berlin.

En septembre, des trois capitales, Berlin est celle qui semblait le plus apprécier cette torsion, pour cause d'élections : le chancelier Schröder espérait refaire sur l'Iran le coup qu'il avait réussi en 2002 sur l'Irak (il faut ici reconnaître que l'Iran n'a pas joué de rôle dans les élections de septembre 2005). Mais à Paris il est aussi parfois question d'« améliorer » l'offre si mal reçue par Téhéran le 5 août, comme si le problème était celui d'une mauvaise présentation. La vérité, c'est que l'Iran serait plus heureux avec la conversion, un troisième round de négociations (sur l'enrichissement cette fois) et l'humiliation des Européens... qu'avec la conversion seule. C'est un choix que l'on peut, sinon partager, du moins comprendre !

2) Rétrospectivement, la première menace de reprise des activités de conversion en mai 2005 visait-elle un objectif précis ?

Sans doute. Il est même important de garder l'hypothèse en tête. Cette menace a permis à l'Iran

---

1. C'est au cours du Sommet de New York sur la réforme de l'ONU que le président iranien devait présenter ces propositions. En lieu et place, il a rappelé une nouvelle fois le « droit » de l'Iran aux usages nucléaires pacifiques et a suggéré d'élargir les négociations à de nouveaux Etats : la Russie, la Chine et l'Afrique du Sud.

de « répéter » la crise – au sens théâtral du terme – et d'identifier les différentes étapes de la réponse des Européens : passage par le conseil des gouverneurs et non-saisine directe du Conseil de sécurité ; adoption d'une stratégie en deux temps à Vienne, avec un premier conseil qui se contentait de demander à Téhéran de revenir sur sa décision. Ce scénario avait le mérite d'obtenir un délai précieux et de multiplier les occasions de diviser les acteurs.

Lorsqu'un des principaux négociateurs, Cyrus Nasseri, s'est promené fin mai dans les couloirs de l'AIEA avec une note verbale annonçant la reprise des activités d'Ispahan, il s'est minutieusement renseigné sur ce qu'il fallait en escompter avant de repartir avec sa note en poche. Grâce à cette première crise, Téhéran a pu faire porter le chapeau de la faillite des négociations aux Européens, qui ont accepté à Genève, le 25 mai 2005, de présenter une offre sur les trois volets (nucléaire, commercial et sécurité régionale) dans les deux mois. Une fois reçue, au début du mois d'août, cette offre a été qualifiée d'« insulte au peuple iranien » et il a même été demandé aux Européens de « s'excuser » de l'avoir formulée. Les trois capitales, qui avaient passé deux mois pleins à fignoler un texte sans aspérités où ne figuraient jamais les mots « démantèlement » ou « Conseil de sécurité » de crainte de heurter Téhéran, ont apprécié. En fait, aux yeux de Téhéran, l'intérêt majeur de l'offre européenne résidait dans la possibilité de la refuser. On ne peut pas les accuser de traîtrise : ils n'ont cessé de répéter sur tous les tons qu'il était inutile de leur soumettre un document qui ne reconnaîtrait pas le droit de l'Iran à l'enrichissement.

3) Qu'en est-il, précisément, de ce fameux « droit » ?

Le pari du Traité de non-prolifération consistait dans les années 1960 à convaincre les signataires de renoncer à la bombe en contrepartie d'un accès aux bénéfices pacifiques de l'atome. Ceux-ci figurent donc dans l'article IV du Traité. En revanche, il n'est jamais question de droit à l'enrichissement ou au retraitement. Un pays comme la Corée du Sud, par exemple, qui conduit un important programme nucléaire civil, ne s'est jamais considéré comme « discriminé » parce que ses combustibles provenaient des Etats-Unis et non d'un cycle indigène d'enrichissement[1]. Dans le cas de l'Iran, le réacteur unique de Boucheir, construit par la Russie, bénéficie d'une alimentation de plus de dix ans grâce à un apport russe de combustibles. Le contrat a été signé en février 2005. Si – comme

---

1. La Corée du Sud a de surcroît renoncé – avec la Corée du Nord – à toute activité d'enrichissement et de retraitement sur le sol de la péninsule coréenne en décembre 1991. C'est un accord qui a depuis été violé par la Corée du Nord, mais il est encore rappelé dans la déclaration conjointe des pourparlers à six adoptée le 19 septembre.

le prétendent certains – le programme iranien est réellement pacifique, alors pourquoi Téhéran – qui a dix ans d'approvisionnement devant lui – devrait-il reprendre toutes affaires cessantes des activités de conversion à Ispahan, puis d'enrichissement à Natanz ? C'est la question à laquelle personne ne peut répondre. Pour en terminer avec le « droit » : le TNP fait dépendre, on l'a dit, l'accès aux bénéfices civils de l'atome du respect des engagements pris en matière de non-prolifération. Proclamer que l'enrichissement est un droit garanti par le TNP revient donc à proférer une double contre-vérité. C'est pourtant un argument qui porte dans les pays en développement, souvent persuadés que l'on pratique à leur égard un blocage technologique encouragé par différents « cartels ».

4) Les résolutions adoptées par le conseil des gouverneurs de l'AIEA en août et en septembre ont-elles répondu à la gravité de la situation ?

Absolument pas. Les Européens avaient affirmé à de nombreuses reprises – et au plus haut niveau de l'Etat – que toute violation de l'accord de Paris conduirait l'Iran au Conseil de sécurité. Ce n'était pas une menace dépourvue de poids, car toutes les déclarations de Téhéran, quand on les analyse soigneusement, montrent que cette hypothèse était bien, pour les autorités iraniennes, celle qu'il fallait écarter à tout prix. Hassan Rohani, par exemple, dans la dernière interview dont il a déjà été question, a expliqué les répercussions que la seule présence du dossier iranien à New York entraînerait sur les investissements étrangers en Iran. Les Européens avaient donc en main un outil de dissuasion efficace, à condition de l'utiliser et de le faire à temps.

Depuis novembre 2004 (et même depuis 2003), ils étaient censés convaincre les autres membres du Conseil de sécurité du bien-fondé de cette position. Gageons qu'ils n'ont pas été suffisamment convaincants – ou que certains interlocuteurs, comme les Russes, ont tenu un double langage, rassurant à l'égard des Européens et protecteur vis-à-vis de l'Iran. Non seulement la résolution d'août 2005 ne fait aucune référence au Conseil, se contentant de demander à l'Iran de revenir à la suspension de la conversion, mais elle ne comporte aucune espèce de mesure au cas où l'Iran n'obtempérerait pas – ce qui a bien été le cas. On imagine sans peine le nouveau gouvernement iranien trembler devant cette impressionnante détermination collective ! Quant à la résolution de septembre 2005, les Européens ont à nouveau décidé de supprimer la demande de renvoi du dossier à New York, alors qu'ils auraient pu avoir une majorité en passant au vote, et qu'un refus russe était improbable compte tenu du langage très modéré qui était d'abord envisagé.

*5) Pourquoi avoir demandé à l'AIEA, en août 2005,
un nouveau rapport sur les violations de l'Iran ?*

Il s'agissait là d'une excellente idée, surtout si le rapport était suffisamment « complet » pour justifier le transfert au Conseil de sécurité. Cette année encore, en 2005, les inspecteurs avaient fait leur moisson : ils avaient découvert près d'Ispahan des tunnels destinés à entreposer des matières nucléaires ; prouvé que les expériences sur le plutonium avaient eu lieu à des dates beaucoup plus tardives que ne l'avaient reconnu les Iraniens ; et même trouvé les traces d'une offre pakistanaise datant de 1987, dont l'AIEA n'avait pu obtenir qu'une copie partielle. L'original et le texte intégral ont sans doute été égarés lors d'un des nombreux déménagements !

Ce qui était problématique dans le rapport en question, c'était la date du 3 septembre, qui faisait gagner un mois crucial à l'Iran et que rien ne justifiait. Toutes les données étant disponibles, il pouvait être présenté une semaine après le premier Conseil, vers le 16 août. Mais l'AIEA voulait attendre les conclusions d'une réunion avec des experts pakistanais à la fin du mois d'août. Il était pourtant clair qu'il ne fallait rien attendre de cette réunion compte tenu du refus des autorités d'Islamabad d'accorder aux inspecteurs l'accès à leur territoire : comment savoir si les pièces fournies à l'AIEA par le Pakistan en 2005 étaient bien de même nature que celles vendues à l'Iran par le réseau A.Q. Khan? Les scientifiques qui se sont retrouvés à Vienne pour analyser les données fournies par l'Agence ont reconnu, sans surprise, qu'il leur était impossible de se prononcer avec certitude[1]. Téhéran a donc pu mener tambour battant, et en toute tranquillité, une nouvelle campagne de conversion au cours des mois d'août et septembre, avant d'engager une autre bataille diplomatique à l'automne, comme c'est le cas depuis maintenant trois ans, avec une ennuyeuse monotonie.

6) La décision de ne pas tenir un second conseil des gouverneurs au début du mois de septembre n'a-t-elle pas entraîné un nouveau retard inutile ?

C'était encore du temps perdu. Mais la Russie s'est opposée à ce qu'on reparle de l'Iran avant le Sommet de New York sur la réforme de l'ONU, et elle a obtenu gain de cause. La raison avancée par Moscou était de ne pas « polluer » cette importante rencontre, qui s'est d'ailleurs soldée par un échec retentissant sans aucune aide du dossier iranien : ni le nord ni le sud ne veulent vraiment d'une réforme de l'institution. Le débat décisif sur l'Iran

---

1. Dans le rapport du 3 septembre (paragraphe 45), il est dit que la clef de la question majeure de la contamination ne pourrait être trouvée sans information supplémentaire sur les deux types de centrifugeuses acquises par l'Iran. Il aurait fallu ajouter que toutes les analyses liées aux pièces fournies par le Pakistan ne permettaient pas de conclure, puisque l'origine de ces pièces était incertaine.

a donc eu lieu à Vienne le 19 septembre et il n'a rien produit si ce n'est une victoire de Téhéran qui a renforcé un régime aussi radical qu'inexpérimenté. Au lieu de quoi, on aurait pu attendre des Européens qu'ils cherchent à tirer avantage de l'inexpérience tout en limitant la radicalisation. Le problème technique est à présent celui de l'enrichissement, la conversion étant tenue pour acquise. Or, on ignore combien de centrifugeuses sont à la disposition de Téhéran. Hassan Rohani lui-même, principal négociateur du précédent gouvernement, a évoqué, on l'a dit, « un nombre considérable de centrifugeuses » opérationnelles. Où sont-elles donc ? A Natanz ? L'AIEA ne connaît à cet endroit qu'une installation pilote comprenant 164 machines en état de marche et un millier d'autres assemblées seulement de façon partielle. Ailleurs ? Dans ce cas, le site n'est pas déclaré et se trouve vraisemblablement en zone militaire, sous contrôle des Pasdaran et de l'armée – qui détiennent désormais un pouvoir sans partage. Chaque fois que l'AIEA s'est approchée d'un site militaire soupçonné d'abriter des activités nucléaires, elle s'est heurtée à un mur. La situation ne va donc cesser de s'aggraver, surtout si l'on continue à suivre le schéma actuel qui consiste à faire croire que rien n'a changé depuis l'élection du nouveau président.

7) L'Iran a-t-il une stratégie ou est-il seulement bon tacticien ?

Cette question peut recevoir trois types de réponses. En apparence, les gains de l'Iran sont surtout tactiques. Les négociateurs naviguent au gré des circonstances en tentant de tirer le bénéfice maximum d'une situation qui ne cesse d'évoluer. Dans le cadre de la suspension, Téhéran a tenté à plusieurs reprises d'obtenir des exemptions pour des activités de recherche et développement. Comprenant que ses demandes ne seraient pas acceptées, le gouvernement iranien a toujours battu en retraite avant de relancer une offensive sur un nouveau front. Autre exemple : les explications fournies par l'Iran varient en fonction des découvertes des inspecteurs. On déclare d'abord que tout est indigène ; mais dès que des traces d'uranium hautement enrichi sont repérées, on change de discours pour affirmer qu'il s'agit de contaminations d'éléments importés (explication probablement en partie exacte, mais en partie seulement). A un niveau plus fondamental, il existe sans doute une nouvelle stratégie iranienne. Celle-ci : progresser par étapes en profitant de la volonté permanente des tiers de voir cette affaire traitée « de façon pacifique et négociée », comme diraient les Chinois. C'est parfaitement clair si l'on regarde la période 2003-2005. De ce point de vue, l'Iran déploie une activité diplomatique beaucoup plus intense et beaucoup plus imaginative que les

Européens[1]. Et contrairement à ces derniers, elle ne fléchit pas.

A la fin des fins pourtant, les gains seront plus tactiques que stratégiques, car l'arme nucléaire posera plus de problèmes qu'elle n'en résoudra pour Téhéran. Le vrai problème du pays est celui de la modernisation des infrastructures et de l'emploi, en un mot du développement. A cet égard, on est stupéfait de voir qu'aucun des candidats à la présidentielle de juin 2005 n'offrait de programme économique digne de ce nom : la « redistribution » n'a jamais produit de croissance, et c'est de croissance que l'Iran a besoin. Les nouvelles générations pourraient ne pas être les seules à le rappeler au pouvoir, une fois la première phase post-électorale passée.

8) *Que pourrait faire le Conseil de sécurité ?*

Signe d'un défaitisme bien curieux de la part des principaux défenseurs de l'ONU, on entend souvent dire en Europe que, de toute façon, le Conseil de sécurité ne pourrait prendre aucune décision efficace. Si tel est le cas, il faut se demander d'urgence à quoi sert cette institution – d'autant que la

---

1. Selon des sources proches du dossier, les pays non alignés ont souvent été manipulés, menacés, voire achetés. Un cas particulièrement intéressant est celui de l'Afrique du Sud, qui a sur le dossier iranien une attitude pour le moins ambiguë, et qui a dépêché de nombreux techniciens en Iran en 2004 et 2005. Pour y faire quoi ?

prolifération des armes non conventionnelles est tenue, depuis janvier 1992, pour « une menace à la paix et à la sécurité internationale », aux termes du chapitre VII de la Charte qui autorise l'usage de la force. De fait, le Conseil peut adopter toute une série de mesures, en commençant par l'exigence d'un retour à la suspension [1] assortie de droits plus intrusifs pour les inspecteurs internationaux, qui doivent pouvoir entrer sur les sites militaires dès lors qu'ils ont de bonnes raisons de le faire. Des épisodes comme ceux de Lavizan-Shian [2] ou de Parchin [3] ne doivent plus se reproduire. Dans un deuxième temps, des sanctions pourraient être infligées, qui viseraient les infrastructures pétrolières et gazières. Contrairement à une fiction populaire, les effets de ces sanctions seraient plus lourds pour l'Iran que pour l'extérieur. On oublie que le pétrole iranien représente en tout et pour tout 7 % de la production mondiale. C'est seulement à la fin du processus que l'usage de la force pourrait être envisagé. Ceux qui craignent le transfert au Conseil de sécurité ou encore, après celui-ci, l'adoption de sanctions efficaces, seraient bien inspirés de songer aux conséquences d'un Iran nucléaire, dans une région en pleine effervescence.

---

1. Suspension qui devrait, cette fois, également comprendre le réacteur plutonigène d'Arak, « oublié » par l'accord de Paris.

2. Il s'agit d'un site que l'Iran a partiellement détruit avant l'arrivée des inspecteurs, et où furent prises des mesures pour éviter des prélèvements qui auraient pu se révéler accusateurs.

3. Installation spécialisée dans les explosifs et les missiles, que l'AIEA n'a pu visiter que très partiellement le 12 janvier 2005, et jamais plus depuis.

En fin de compte, l'affaire iranienne, telle qu'on peut l'observer à l'automne 2005, aura fait trois victimes. La diplomatie européenne, tout d'abord, qui n'avait guère besoin d'un échec l'année du rejet du projet de constitution par la France et les Pays-Bas et de la confusion politique en Allemagne. La preuve que des négociations peuvent faire fléchir un proliférateur déterminé n'aura pas été apportée. Non que la chose soit impossible ; mais, pour réussir dans une tâche aussi complexe, il faut disposer de moyens de dissuasion crédibles. Ce n'est pas en clamant que l'action militaire ne règle jamais rien que l'on obtient des résultats, surtout si l'on élimine en même temps les sanctions pétrolières. Songeons plutôt à ce que sera le prix du pétrole quand l'Iran et l'Arabie Saoudite auront toutes deux la bombe ! La deuxième victime est la population iranienne, car le succès du programme nucléaire sera aussi celui du durcissement du régime et de la répression. Les Européens ont inutilement conforté Mahmoud Ahmadinejad au début d'un mandat qui ne s'annonçait pas facile. Quant à la troisième victime, c'est la lutte contre la prolifération elle-même. On voit à présent grandir à l'horizon deux menaces majeures : l'Iran et la Corée du Nord. Les deux pays coopèrent dans le domaine des missiles et ont probablement mené des actions communes en matière nucléaire. C'est du moins ce que prétend à intervalles réguliers le journal japonais *Sankei Shimbun*. Tous deux bénéficient aussi d'une protection chinoise. Le jour où la situation deviendra vraiment alarmante sur ces deux fronts, sans doute se souviendra-t-on de ce qui s'est passé en 2005. Un célèbre roman allemand des années 1930 s'appelle *Les Irresponsables*. Un beau titre. Pourquoi ne pas le relire? Son auteur est Hermann Broch.

CHAPITRE V

L'arme nucléaire au XXIe siècle

Certains prétendent que le XXIe siècle a commencé le 11 septembre 2001. Les historiens en décideront. Mais on peut aussi bien soutenir que ce sont les explosions nucléaires indiennes et pakistanaises de 1998 qui ont donné le coup d'envoi du siècle. Elles montraient en effet que pour toute une partie du monde l'arme nucléaire, qui avait tant contribué à définir la guerre froide, était une arme d'avenir, non un simple reliquat du passé. Elles attiraient aussi l'attention sur la vaste Asie, appelée à remplacer l'Europe comme centre des affaires stratégiques de la nouvelle ère. Elles annonçaient enfin quelques difficultés supplémentaires pour l'exercice de la dissuasion : les deux pays qui déclaraient ainsi ouvertement leurs capacités n'avaient pas de frontières internationalement reconnues depuis la création du Pakistan en 1947, ils avaient combattu à trois reprises depuis cette date [1], leur proximité

---

1. La meilleure façon de risquer un échange nucléaire est toujours de

réduisait dangereusement les temps d'alerte en augmentant simultanément les risques de malentendu, et il fallait de surcroît compter avec un troisième acteur nucléaire dans la région, majeur celui-ci, la Chine, dont les frontières avec l'Inde n'étaient pas davantage fixées, mais qui avaient des liens étroits avec le Pakistan, dont le programme nucléaire lui était très redevable.

On se trouvait ainsi dans une situation redoutable où trois acteurs nucléaires limitrophes ne bénéficiaient pas d'un *statu quo* à défendre au moyen de la dissuasion. Un an plus tard seulement, au printemps 1999, la guerre de Kargil donnait une brillante illustration du danger que posait la nouvelle équation[1]. L'Inde et le Pakistan ont l'un et l'autre franchi la ligne de contrôle qui sépare les deux territoires et l'intervention de plusieurs membres du Conseil de sécurité auprès du Premier ministre Nawaz Charif a été nécessaire pour mettre fin au conflit[2].

Ce que le 11 septembre a ajouté à ce tableau, avec la violence des attentats de New York et de Washington, puis avec la découverte de l'intérêt que portait une nouvelle génération terroriste aux armes non conventionnelles, c'est la possibilité

---

ne pouvoir contrôler un conflit conventionnel. C'est pourquoi les détenteurs d'armes nucléaires ne doivent pas seulement éviter une guerre nucléaire mais toute forme de conflit.

1. Ce conflit montre que la leçon précédente n'a pas été intégrée.

2. C'est ainsi que l'armée pakistanaise prétendra que la guerre n'a pas été perdue par les militaires mais par les politiques, un slogan qui sera utile au général Moucharraf au moment de son coup d'Etat à l'automne 1999.

d'attentats utilisant des armes radiologiques ou nucléaires. Cette perspective, loin d'être un épouvantail agité par des esprits exagérément pessimistes ou troublés, est tenue pour suffisamment crédible par les gouvernements européens – et non par la seule administration américaine – pour que le *Livre blanc sur le terrorisme*, publié en mars 2006 par les autorités françaises, fasse un sort à deux scénarios futurs possibles, sur sept : l'un concerne une arme radiologique – des substances radioactives associées à un explosif traditionnel – et l'autre une arme nucléaire constituée.

Comme si cela ne suffisait pas pour définir un avenir nucléaire particulièrement périlleux au XXIe siècle, on observe la poursuite et l'amplification d'un autre phénomène : des Etats signataires du Traité de non-prolifération qui ont officiellement renoncé à l'arme nucléaire se servent de la confiance que leur confèrent leurs engagements internationaux pour développer des activités nucléaires militaires clandestines. C'est manifestement le cas de la Corée du Nord et de l'Iran et nombreux sont les observateurs qui annoncent après eux une cascade de prolifération. Certes, à la fin du XXe siècle, on a pu compter non seulement sur des abandons volontaires de programmes nucléaires (Afrique du Sud, Argentine, Brésil notamment), mais aussi sur une dénucléarisation forcée et réussie. L'Irak a en effet vu son programme nucléaire démantelé grâce à la résolution 687 du Conseil de sécurité et aux inspections internationales qui ont eu lieu entre 1991 et 1998. Avant l'opération « Iraqi Freedom », en 2002 et 2003, les questions de désarmement non résolues de l'ONU étaient nombreuses, mais elles portaient essentiellement sur les armes chimiques, non sur les armes nucléaires. Ce qui tendrait à montrer qu'il est moins difficile de mettre au jour un programme nucléaire clandestin qu'un programme chimique ou biologique.

Mais les deux autres pays dont il a été question, et notamment l'Iran, ont de leur côté fait la preuve qu'il était possible de dissimuler des activités nucléaires pendant une longue période (18 ans pour l'Iran), mais surtout que la révélation de la violation des engagements internationaux une fois faite, il ne se passait pas grand-chose. On en revient ainsi à la fameuse question posée par Fred Iklé en 1961 : *After detection, what ?* Ces deux pays poursuivent en effet leurs programmes avec détermination, comme en témoignent à la fois l'essai nucléaire nord-coréen du 9 octobre 2006[1], et l'appel du président Ahmadinejad au cours de la même année à accélérer les activités nucléaires[2] de l'Iran au moment même où le Conseil de sécurité

---

1. Cet essai n'ayant libéré qu'une énergie inférieure à 500 tonnes a manifestement raté – comme d'ailleurs l'essai du Taepo-Dong 2 en juillet 2006 – mais il ne constitue pas moins une étape nouvelle dans l'escalade de la crise à laquelle il faut faire face avec Pyongyang.

2. Il y a eu plusieurs appels de ce type en 2006, notamment aux « jeunes savants » iraniens, mais le premier date d'avril 2006, quand Mahmoud Ahmadinejad a fait état de la capacité de l'Iran d'enrichir de l'uranium à 3,5 %. Comme le savent les experts, il est plus difficile de procéder à un enrichissement dans la gamme 0 à 3,5 % que d'augmenter ultérieurement l'enrichissement jusqu'à des taux de teneur militaire.

demande – enfin – à l'Iran de les interrompre (déclaration présidentielle de mars, résolution 1696 de juillet, et résolution 1737 de décembre 2006). Dans les deux cas, il y a une attitude de défi nette à l'égard des Nations unies, et non des seules grandes puissances, comme si Pyongyang et Téhéran avaient la certitude que le Conseil de sécurité est désormais impuissant à imposer sa volonté, comme la SDN aux pires moments des années 1930.

Certains diront que la différence que présentent ces pays avec Israël, l'Inde et le Pakistan est assez mince : seule leur position par rapport à un traité (le TNP) les distingue. Les premiers en sont signataires et ont violé leurs engagements, les seconds ont ouvertement choisi de garder leur liberté plutôt que d'apposer leur signature. Mais outre que les défenseurs du droit international ne peuvent partager un tel jugement – sauf à le condamner à l'insignifiance, la violation d'un traité doit recevoir une sanction –, il y a, du point de vue de la sécurité régionale, et même globale, une différence lourde de conséquence entre un pays qui déclare ouvertement vouloir maintenir l'option nucléaire ouverte (ce fut dès la fin des années 1960 le cas de l'Inde, du Pakistan et d'Israël) et un pays qui affirme l'avoir fermée, rassurant ainsi ses voisins et le reste du monde, pour être éventuellement en mesure un jour de créer la surprise en procédant par exemple à une explosion atomique[1]. L'arme

---

1. En fait, les essais nucléaires de l'Inde et du Pakistan en mai 1998 ont eux aussi surpris l'ensemble de la planète, mais les programmes

nucléaire ne pouvant être traitée par les gouvernements comme des tanks ou des avions, son apparition est toujours, non une simple modification du
rapport de puissance, mais un authentique bouleversement de l'environnement stratégique. Avoir
la possibilité de le prévoir, d'en tenir compte, et
donc d'agir en conséquence est un atout majeur.
Le découvrir un beau matin aux nouvelles du jour
ne peut conduire qu'à de mauvaises et dangereuses
solutions.

Au début de l'année 2007, le monde fait face à
deux crises nucléaires, en Corée du Nord et en
Iran, deux pays qui coopèrent activement dans le
domaine des lanceurs[1], qui sont aussi soupçonnés
d'avoir des échanges nucléaires[2], et dont la politique – on hésite à dire la diplomatie – de provocation sur la scène internationale est de plus en
plus comparable[3]. Certes, il y a désaccord sur la
gravité respective de l'une et l'autre crise – les uns
affirmant que la Corée du Nord pose un problème
de sécurité plus sérieux en raison de la grande

nucléaires militaires de ces deux pays n'étaient un secret pour personne.
Quant à Israël, qui a toujours gardé une politique d'ambiguïté dans le
domaine nucléaire, son arsenal n'est pas connu avec précision, même
après les révélations de Mordechai Vanunu, mais il est crédité de missiles et d'armes modernes.

1. Non seulement le No Dong et le Shehab 3 sont des missiles
jumeaux, mais la présence d'observateurs iraniens lors des tirs nord-
coréens de juillet 2006 montre que la coopération balistique n'est pas
limitée au passé et qu'elle se poursuit.

2. La principale crainte à présent est celle de la vente de matières fissiles à l'Iran par la Corée du Nord.

3. Du point de vue de Téhéran, la Corée du Nord a brillamment joué
ses cartes diplomatiques depuis le début de la crise en 1993.

instabilité de l'Extrême-Orient et du caractère plus avancé de son programme nucléaire et balistique, les autres que l'Iran est beaucoup plus dangereux en raison de l'idéologie du pouvoir en place et de l'impact potentiel du programme nucléaire iranien sur la politique de défense des pays de la région. Mais il y a accord sur un point majeur et c'est lui qui doit retenir l'attention en priorité : tandis que l'Est et l'Ouest ont su gérer de façon efficace la plus grave menace à laquelle ils ont été confrontés entre 1949 et 1989, c'est-à-dire un conflit nucléaire, au moment où cette menace majeure semble avoir disparu entre les anciens protagonistes, ils ne paraissent pas capables d'enrayer son retour sous une nouvelle forme, avec des acteurs beaucoup moins puissants qu'ils ne le sont eux-mêmes. Le problème principal que ces acteurs posent n'est pas tant leur irrationalité supposée, dont on fait si grand cas, ni même leur apologie du suicide dans le cas de l'Iran (quel que soit par ailleurs le problème redoutable que celle-ci pose à la dissuasion), que leur méconnaissance des réalités internationales et des décennies de guerre froide.

Ces deux caractéristiques encouragent à la fois l'incompréhension mutuelle, très périlleuse dans le domaine nucléaire, et une disposition à prendre des risques sensiblement supérieurs à ce que les acteurs de la guerre froide auraient été prêts à tolérer. Ceci justifierait une unité d'action résolue de ceux qui ont appris, souvent avec difficulté et, on le verra plus loin, quelques crises, que tout ce qui concernait l'arme nucléaire exigeait une prudence extrême et que le nombre des acteurs augmentait dangereusement le risque de crise, d'escalade, voire d'usage. Or, ce n'est pas du tout ce que l'on observe. En fait, la coopération entre les Etats-Unis et l'URSS était bien meilleure pendant la guerre froide sur cette question qu'elle ne l'est aujourd'hui. Plus largement, l'impuissance – ou la démission – des membres permanents du Conseil de sécurité s'explique d'autant moins que chacun reconnaît volontiers la gravité pour sa propre sécurité d'une Corée du Nord ou d'un Iran nucléaire, que ces deux pays présentent de surcroît des vulnérabilités majeures, et qu'ils ne peuvent en rien se comparer à ceux qui affirment vouloir les arrêter. Quelle est la raison de cette paralysie ? Est-ce que les principaux pays ne parviennent pas à écarter leurs différends même quand il s'agit de faire face à une menace nucléaire, alors qu'ils avaient pu le faire dans une période de confrontation beaucoup plus intense ? Est-ce qu'ils ne prennent pas suffisamment au sérieux le risque de coercition ou même d'emploi de ces nouveaux acteurs ? Est-ce enfin qu'ils ont perdu tout sens stratégique avec la fin de la guerre froide ? Peut-être y a-t-il un peu de tout cela.

Mais il faut aussi compter, du côté des nouveaux acteurs, avec un problème de nature très différente : les pays qui n'ont pas vécu la seconde moitié du XXe siècle comme une période définie par la confrontation Est-Ouest et la destruction mutuelle assurée, les pays pour qui ces décennies ont plutôt été celles de la décolonisation et de la formation de nouvelles entités nationales, n'ont pas, sur la défense en général et les armes nucléaires en particulier, les mêmes perceptions que les pays qui étaient au cœur de la guerre froide. C'est une question d'expérience, et un des grands dangers de la situation actuelle : les acteurs nucléaires de la nouvelle ère ne se comprennent pas et ne sont surtout pas passés par les crises nucléaires du XXe siècle. Ils peuvent en conséquence commettre de fatales erreurs.

C'est pourquoi il est utile de rappeler les débuts historiques de l'arme nucléaire. Depuis l'apparition de cette arme et la révolution qu'elle a induite dans les affaires stratégiques, il a fallu faire face très tôt à des évolutions capitales et à de véritables crises, bien avant 1962 et la célèbre crise des missiles de Cuba. Les deux premières évolutions majeures ont été d'une part l'acquisition dès 1949 de la bombe A par l'URSS, qui met fin au monopole américain, puis l'apparition de la bombe H, dont les deux adversaires sont dotés dès 1953[1]. Quant aux crises, les années 1950 sont déjà, on l'oublie souvent, l'occasion de cinq crises nucléaires : en 1950 (sous le président Truman) et en 1953 (sous le président Eisenhower) lors de la guerre de Corée, en 1954 au moment du désastre

---

1. L'acquisition de la bombe H par les Etats-Unis intervient en octobre 1952, et par l'URSS en juillet 1953.

français à Dien Bien Phu[1], en 1956 à Suez[2], et en 1958 à l'occasion de la querelle sino-taiwanaise concernant les îles Quemoy et Matsu. On pourrait dire que les années 1960 ont été plus calmes si la crise la plus redoutable – et la mieux documentée – n'avait pas eu lieu précisément à ce moment : il s'agit naturellement de celle qui opposa les Etats-Unis et l'URSS en septembre-octobre 1962 sur la question des missiles de Cuba. Ce ne fut pas la seule pendant cette décennie, car en 1961, la crise de Berlin eut une dimension nucléaire, ni la dernière : en 1969, il y aura encore une crise nucléaire russo-chinoise à l'occasion d'une confrontation sur la frontière entre les deux pays, et en 1973, les forces nucléaires américaines seront mises en alerte quand les Soviétiques menacent d'intervenir au Moyen-Orient lors de la guerre du Kippour.

A cette date, les cinq membres permanents du Conseil de sécurité étaient tous des puissances nucléaires mais Israël, qui avait commencé son programme militaire en 1956 avec l'aide de la France, disposait déjà de forces nucléaires – qui avaient été elles aussi mises en alerte en 1973[3]. C'est ainsi que dès les années 1970, on trouve déjà une crise

---

1. La France a demandé à Washington de faire jouer la menace nucléaire, ce qui a été refusé.

2. Il s'agit d'une menace nucléaire soviétique à l'endroit des Britanniques et des Français.

3. C'est le seul cas connu d'une mise en alerte des forces nucléaires israéliennes, surprises par l'attaque de Yom Kippour, alors que de multiples avertissements avaient été recueillis par les services israéliens, mais non retenus par les autorités politiques.

nucléaire où est impliqué un pays qui ne fait pas partie du club des cinq puissances nucléaires reconnues. D'une certaine façon, dès le début de l'histoire nucléaire, il est impossible de distinguer la prolifération et l'apparition des crises nucléaires, si l'on considère que tout nouveau pays détenteur après les Etats-Unis est un proliférateur. Mais c'est une vision très simpliste car elle ne tient pas compte de la prise de conscience intervenue dans les années 1960, après l'explosion chinoise de 1964, des dangers de la dissémination de cette arme spécifique, qui devait être contenue. C'est ainsi qu'après une explosion « pacifique » de l'Inde qui n'a trompé personne en 1974, le régime de non-prolifération, qui disposait depuis 1968 de sa pièce maîtresse avec le TNP, se renforce de façon très substantielle, notamment en mettant en place un système de contrôles à l'exportation. Cette réaction a joué un rôle important dans la non-réalisation de la célèbre prédiction du président Kennedy selon laquelle il y aurait vingt à vingt-cinq puissances nucléaires à la fin du XXᵉ siècle. Il faut la comparer au fatalisme si souvent exprimé de nos jours sur le caractère soi-disant « inéluctable » de la prolifération, comme s'il s'agissait d'un épiphénomène.

Que montre cette histoire ? Que les crises ont été très nombreuses dans les années 1950, une période exceptionnellement dangereuse, où le basculement dans une nouvelle confrontation majeure a été un péril presque permanent, puis qu'elles sont devenues de plus en plus rares au cours des décennies qui ont suivi. Comme s'il était nécessaire de traverser une série d'épreuves avant de trouver une sorte de *modus vivendi* entre les puissances qui limite le risque de recours au nucléaire, même sous la forme d'une simple menace, et plus encore l'emploi de l'arme elle-même. Cette leçon historique ne doit pas être perdue. En effet, au moment où l'on entre dans ce que l'on peut appeler le deuxième âge nucléaire, on se trouve probablement dans une situation comparable. Ce deuxième âge se caractérise par un plus grand nombre d'acteurs, une plus grande diversité de doctrines stratégiques, une prolifération des lanceurs et des systèmes antimissiles, une dissémination des missiles de croisière, l'existence de réseaux de fournisseurs clandestins, et une croissance de la menace dans des zones où les tensions sont les plus fortes : au Moyen-Orient, dans le sous-continent indien et en Extrême-Orient. D'ores et déjà on peut considérer que les essais indiens et pakistanais en 1998, suivis du conflit de Kargil puis de la confrontation armée indo-pakistanaise des deux côtés de la frontière en 2002, les crises nord-coréenne (1993-2007) et iranienne (2002-2007) appartiennent à la première génération des crises nucléaires du XXIe siècle. A la différence de leurs aînées, si l'on peut dire, ces crises progressent dans le temps sans trouver de solution ni de coup d'arrêt. Ce sont des crises *in slow motion*.

La prochaine étape pourrait être l'équivalent d'une crise des missiles de Cuba, avec une véritable épreuve de force. Il n'est pas certain, si l'on en juge par l'activité internationale déployée à l'occasion des crises nord-coréenne et iranienne que cette épreuve, si elle voit le jour, soit gérée avec l'habileté, la sagesse ou même la chance qu'ont connue les contemporains de John Kennedy et Nikita Khrouchtchev. En effet, la crise nord-coréenne a déjà quatorze ans et ne cesse de se détériorer, et la crise iranienne, révélée en 2002, n'a pour l'instant donné aucun autre résultat que le renforcement de la détermination des autorités de Téhéran. La Corée du Nord et l'Iran en ont déduit, peut-être à tort, mais qui pourrait les en blâmer, qu'ils bénéficieront d'une impunité totale dans la poursuite de leurs projets.

Or, avec le temps, ces deux pays deviennent des défis de plus en plus redoutables : l'Iran veut s'imposer comme la grande puissance régionale du XXIe siècle au Moyen-Orient grâce à son influence religieuse, sa capacité de pénétration politique, ses ressources énergétiques et ses moyens balistiques et nucléaires. La Corée du Nord, dont presque personne ne parlait il y a vingt ans, est devenue le champion du chantage diplomatique et le cauchemar des spécialistes des trafics illicites de toutes sortes, y compris de technologies balistiques et de matières nucléaires. Derrière les deux pays, on trouve deux autres acteurs d'un tout autre poids : la Russie, qui cherche à revenir au Proche-Orient et en Extrême-Orient avec les moyens du bord, et la Chine, qui voit dans les deux crises une façon de conserver au chaud les marrons qui pourront le moment venu brûler les doigts des Etats-Unis. Dans ce tableau, où est la politique de l'Europe ? On la cherche en vain dans les négociations des dernières années. Ce qui n'empêchera d'ailleurs nullement nos capitales de subir les effets des crises nucléaires qui se profilent à l'horizon : les erreurs diplomatiques peuvent avoir des effets aussi désastreux que les erreurs militaires.

Postface

Qui disait donc : « *L'expérience est une école où les leçons coûtent cher, mais c'est la seule où même les imbéciles peuvent apprendre quelque chose* » ? Je ne sais plus trop, mais qu'importe : ce sera mon dernier mot.

CHRONOLOGIE

14 août 2002. Alireza Jafarzadeh, représentant du NCRI (*National Council of Resistance of Iran*) révèle, lors d'une conférence de presse à Washington, la construction en Iran de deux sites nucléaires secrets : Natanz (vaste site destiné à l'enrichissement de l'uranium et comprenant une partie souterraine) et Arak (usine de production d'eau lourde, voie plutonium).

Septembre 2002. La conférence générale de l'AIEA décide que son directeur général, Mohammed el-Baradei, se rendra en Iran en octobre 2002 pour vérifier l'activité des deux sites. Cette visite n'aura lieu finalement qu'en février 2003 après avoir été reportée par Téhéran. Ce qui a pu être dissimulé pendant ces quatre mois est une des questions non résolues.

Février 2003. Lors de la visite de l'AIEA, l'Iran admet pour la première fois l'existence d'une usine d'enrichissement devant abriter à terme 50 000 centrifugeuses et l'importation, en 1991, de matières nucléaires d'origine chinoise. Une partie de ces matières a été convertie en uranium métal, dont l'utilité pour un programme civil est problématique alors qu'il est essentiel à un programme militaire.

Février, mai et juillet-août 2003. L'AIEA demande en vain à faire des prélèvements dans un atelier de la compagnie Kalaye Electric, mentionnée par l'opposition, et qui a abrité un pilote de centrifugeuses sous couvert d'une usine de fabrication de montres. Lorsqu'ils seront enfin autorisés à effectuer ces prélèvements (en août 2003), les inspecteurs découvriront des locaux vides, soigneusement repeints et recarrelés.

Juin 2003. Le directeur général de l'AIEA reconnaît que l'Iran n'a pas respecté ses obligations concernant les matières importées, leur traitement et les sites où ces traitements ont été réalisés. Il s'agit là d'une violation de l'accord de garanties.

7-11 juin 2003. Des inspecteurs de l'AIEA découvrent des particules d'uranium hautement enrichi qui ne correspondent pas aux déclarations de l'Iran. Par la suite, des échantillons révélant des enrichissements à plusieurs teneurs seront prélevés sur différents sites. Les explications des Iraniens varieront au gré des découvertes.

Août 2003. Le journal *Le Monde* déclare que l'Iran a tenté de se procurer en France des presses isostatiques, des fours à vide et, par l'intermédiaire des Emirats arabes unis, une trentaine de télémanipulateurs. L'Iran s'est également documenté sur des appareils de radiographie éclair. Tous ces équipements ont un intérêt évident dans le cadre d'un programme militaire.

9-12 août 2003. Après la découverte, à Natanz, de deux types d'uranium hautement enrichi, les Iraniens parlent, pour la première fois, d'équipements importés contaminés, alors qu'ils ne reconnaissaient jusqu'alors aucun achat d'équipement à l'étranger. C'est aussi lors de cette inspection que sont constatées des activités sur des lasers de puissance. L'Iran déclarera à l'automne 2003 que ces activités – anti-économiques pour un programme civil – ont eu lieu entre 1991 et 2000.

12 septembre 2003. La résolution du conseil des gouverneurs de l'AIEA fixe à l'Iran une date butoir (le 31 octobre) pour fournir un accès illimité aux sites, une information complète sur son programme passé, et pour suspendre tout enrichissement d'uranium. C'est donc bien avant tout accord avec les Européens que la suspension de ces activités est demandée par l'AIEA.

Septembre 2003. L'Iran déclare la demande de suspension inacceptable et annonce que l'usine de Natanz est entrée en service à titre expérimental.

21 octobre 2003. Accord entre Téhéran, Paris, Londres et Berlin. L'Iran accepte de suspendre ses activités du cycle du combustible, de coopérer sans réserve avec l'AIEA, de signer et de mettre en œuvre le protocole additionnel qui permet aux inspecteurs de procéder à des inspections plus intrusives.

2 novembre 2003. L'ayatollah Khamenei dénonce à Téhéran, devant une large assemblée de militaires et de membres du gouvernement, les « demandes excessives » de l'étranger.

Cette déclaration montre – dès l'accord signé – le double langage de Téhéran.

26 novembre 2003. Les 35 membres du conseil des gouverneurs de l'AIEA dénoncent l'Iran, mais ne décident pas la saisine du Conseil de sécurité, comme une stricte application des textes devrait les amener à le faire.

Janvier et février 2004. L'enquête sur le réseau pakistanais, après les révélations du colonel Kadhafi, met au jour une coopération irano-pakistanaise substantielle, y compris pour la fourniture de plans de centrifugeuses non encore déclarées par l'Iran et plus sophistiquées que celles qui doivent être installées à Natanz (il s'agit de machines dites P2, dont la rapidité est sensiblement supérieure). On soupçonne qu'elles sont assemblées et expérimentées sur des sites non encore ouverts aux inspecteurs.

Février 2004. Accord entre l'Iran et les Européens sur le périmètre de la suspension, qui fait l'objet de propositions et de contre-propositions depuis novembre 2003.

Mars 2004. Limitations décidées par l'Iran pour les activités autorisées aux inspecteurs internationaux sur le territoire iranien. Annonce d'une reprise des activités de conversion de l'uranium. Démolition de six bâtiments du Physics Research Center sur le site militaire de Lavizan à Téhéran. Ces bâtiments de grande taille, dont certains avaient été rénovés en 2003, sont entièrement détruits et une couche de terre est enlevée sur une grande profondeur, sans doute pour échapper aux analyses d'environnement qui auraient pu détecter des activités prohibées.

Mars 2004. Les inspecteurs de l'AIEA découvrent que six bâtiments ont été rasés sur le site de Lavizan-Shian, à Téhéran, et que la terre a été creusée de 1 à 2 mètres pour prévenir les prélèvements et les échantillons. Cela s'est produit après un retard de plusieurs semaines apporté par Téhéran à l'inspection. L'explication fournie par l'Iran a été que la municipalité avait besoin de ce terrain, contrôlé par les Pasdaran, pour en faire un espace vert. On notera que le maire de Téhéran en mars 2004 est le président de la République islamique en août 2005.

6 avril 2004. Accord Iran-AIEA sur un plan en dix points (qui ne sera pas davantage mis en œuvre que les accords avec les Européens).

15 juin 2004. Lors du conseil des gouverneurs de l'AIEA, il est précisé que les deux questions essentielles à résoudre sont, d'une part, l'activité iranienne sur les machines destinées à l'ultracentrifugation – dont les plans ont été vendus par le Pakistan – et, d'autre part, l'origine des différents niveaux d'enrichissement constatés sur plusieurs sites iraniens. Une résolution d'inspiration européenne déplore une coopération incomplète de l'Iran, mais ne fixe aucune date pour répondre aux exigences de l'AIEA. Malgré cela, l'Iran réagit avec colère en déclarant qu'il pourrait envisager d'autres options et que les Européens ne devaient pas lui dicter sa conduite. Le même jour, le journal japonais *Sankei Shimbun* révèle que l'Iran et la Corée du Nord coopèrent activement et que six experts iraniens se sont rendus en Corée du Nord pour tester des détonateurs nucléaires.

22 juin 2004. Une lettre adressée aux ministres des Affaires étrangères allemand, britannique et français annonce la décision iranienne de reprendre la fabrication et les essais de centrifugeuses dès le 29 juin. Les Européens répondent qu'ils sont « déçus » et rappellent les engagements pris par l'Iran. En juillet 2005, le docteur Rohani, principal négociateur iranien, avouera publiquement que pendant la période de juin à novembre 2004, des progrès substantiels ont été faits sur les centrifugeuses.

29 juin 2004. L'AIEA reçoit une lettre de l'Iran fournissant la liste des scellés qui vont être brisés.

11 août 2004. L'Iran teste une version optimisée du missile Shehab 3.

Septembre 2004. Le conseil des gouverneurs de l'AIEA constate des progrès limités sur les deux questions principales de l'enquête. La résolution note avec préoccupation la reprise de certaines activités de conversion et en exige la suspension immédiate. Elle demande en outre au directeur général de l'AIEA de fournir un rapport complet, en novembre, sur le programme passé et la mise en œuvre de la suspension. Il est clair qu'à cette date la transmission au Conseil de sécurité est envisagée, avec le soutien des Européens, mais la menace n'est pas explicitement formulée.

Octobre 2004. Nouvelle initiative des trois Européens, discutée avec les Etats-Unis qui gardent leurs distances mais ne désapprouvent pas. La démarche est présentée au G8 le 15 octobre.

21 et 27 octobre 2004. Négociations entre l'Iran et les Européens à Vienne, siège de l'AIEA. La partie iranienne continue d'insister sur le caractère volontaire et provisoire de la suspension, ce qui est contraire à la demande européenne, qui vise une suspension immédiate, irréversible, vérifiable et indéfinie.

31 octobre 2004. Le Parlement iranien adopte une proposition de loi (sans grande conséquence) en faveur de l'enrichissement de l'uranium.

5 et 6 novembre 2004. Nouvelles négociations à Paris, qualifiées de « difficiles » mais ayant toutefois permis des « progrès ». En fait, la question centrale de la suspension des activités de conversion de l'uranium n'a pas été agréée, pas plus que celle de la sortie hors du territoire iranien de quantités de concentré d'uranium déjà converties, ni des garanties de non-détournement des activités « civiles », ou encore de la saisine du Conseil de sécurité en cas de non-aboutissement des négociations.

14 novembre 2004. Accord Europe-Iran aux termes duquel toutes les activités d'enrichissement et de retraitement de l'Iran sont suspendues pendant la durée d'une négociation de long terme qui doit porter sur trois volets : coopération civile, échanges commerciaux et sécurité régionale.

15 novembre 2004. Publication de l'accord entre les Européens et l'Iran, dit « Accord de Paris ».

17 novembre 2004. L'opposition iranienne en exil (NCRI), qui a contribué à révéler de nombreux éléments du programme nucléaire iranien, déclare dans une conférence de presse à Paris que l'Iran produit de l'uranium enrichi dans un site au nord de Téhéran, où des équipements ont été transportés après la destruction des bâtiments de Lavizan-Shian au début de l'année 2004. Le nouveau site abriterait aussi des activités biologiques et chimiques. Le même jour, Farid Soleimani, un des principaux membres du groupe, a déclaré à Vienne que le Pakistan, par l'intermédiaire du réseau d'A.Q. Khan, avait vendu un plan d'arme à l'Iran au milieu des années 1990, et qu'il avait également livré de l'uranium hautement enrichi en 2001.

22 novembre 2004. Début de la vérification de la suspension par l'AIEA. Mise sous scellés des équipements et matières nucléaires visés par l'accord. L'Iran fait une difficulté de dernière minute pour la pose des scellés sur 37 puis 20 centrifugeuses. Il finit par accepter des caméras, plus faciles à duper. Les Européens acceptent. On apprendra plus tard que certaines opérations de conversion se sont poursuivies jusqu'en février 2005, en violation de l'accord.

25-29 novembre 2004. Conseil des gouverneurs de l'AIEA qui s'achève sur l'adoption d'une résolution où l'Iran obtient la mention, par deux fois, du caractère volontaire de la suspension.

29 novembre 2004. Le directeur général de l'AIEA rappelle que, contrairement à ce que prétend l'Iran, « il n'y a pas de limite dans le temps pour la suspension » des activités iraniennes.

30 novembre 2004. Le principal négociateur iranien, Hassan Rohani, se targue d'une « grande victoire » et affirme que « l'Iran n'a pas renoncé au cycle de production du combustible nucléaire », qu'il « n'y renoncera jamais et qu'il le mettra en œuvre ».

5 décembre 2004. Interview de Sirus Nasseri sur l'Accord de Paris de novembre 2004, dans laquelle il déclare que les autorités iraniennes avaient réalisé « qu'il fallait gagner du temps pour mener à terme certains projets dans le calme ».

7 décembre 2004. L'agence United Press International rapporte les propos du professeur Asgarkhani à Téhéran. Selon lui, l'Iran aurait intensifié ses efforts en vue d'acquérir la bombe après la découverte d'un accord entre le Pakistan et l'Arabie Saoudite laissant planer un doute sur les intentions de Riyad dans le domaine nucléaire militaire. Aucune confirmation de cette accusation n'est obtenue.

13 décembre 2004. Ouverture à Bruxelles au niveau ministériel des négociations entre l'Iran et les Européens sur les trois domaines de l'accord du 15 novembre 2004.

12 janvier 2005. Visite partielle de l'installation de Parchin, selon des modalités choisies par l'Iran et très défavorables aux inspecteurs. L'AIEA demandera ultérieurement sans succès de pouvoir revenir sur ce site, où se déroulent des activités liées aux missiles et aux explosifs.

28 janvier 2005. L'Ukraine a vendu 6 missiles de croisière modernes à l'Iran en 2001. Il s'agit de missiles à capacité d'emport nucléaire.

Février 2005. On apprend à cette date que l'Iran, contrairement à ses engagements envers les Européens, a poursuivi ses activités de conversion en tétrafluorure d'uranium jusqu'à cette date.

Février 2005. Visite du président Bush en Europe au cours de laquelle les points de vue américain et européen se sont rapprochés.

27 février 2005. Signature du contrat de fourniture d'uranium enrichi russe pour la centrale de Boucheir (dix ans de fonctionnement, soit la durée de vie du réacteur). L'Iran n'a plus aucune raison de développer un programme d'enrichissement qui ne pourrait d'ailleurs pas être utilisé pour ce réacteur.

28 février-4 mars 2005. Conseil des gouverneurs de l'AIEA. Le directeur des Garanties de l'AIEA, dans un rapport écrit, précise qu'une offre pakistanaise datant de 1987 a été mise au jour et reconnue par l'Iran. Le document en possession de l'AIEA est une copie et une partie seulement du document original, dont l'AIEA réclamera en vain la totalité. Le document complet pourrait comprendre un plan d'arme. En outre, l'AIEA n'a pas obtenu les explications demandées concernant les activités passées du site détruit de Lavizan.

1er février 2005. Informations sur le percement de tunnels près d'Ispahan. Les inspecteurs considèrent qu'il s'agit de sites destinés à abriter des matières nucléaires.

Avril 2005. Des tentatives d'acquisition de matériels sensibles continuent d'être repérées sur le territoire européen.

24 avril 2005. Le porte-parole du ministère iranien des Affaires étrangères a annoncé à la presse que l'Iran reprendrait ses activités d'enrichissement : « Ce n'est pas une question d'années, mais de mois. »

11 mai 2005. Les négociateurs iraniens annoncent aux Européens leur volonté « irréversible » de reprendre dans un premier temps les activités de conversion, puis dans un deuxième temps les activités d'enrichissement.

2-27 mai 2005. Conférence d'examen du TNP. L'Iran échappe à toute critique et même à toute référence et joue un rôle important dans l'échec de la conférence.

25 mai 2005. Réunion à Genève des trois ministres européens et de Javier Solana avec le négociateur iranien Hassan Rohani.

A l'issue de cette réunion, l'Accord de Paris est maintenu et les Européens s'engagent à faire une offre à l'Iran sous trois mois en précisant qu'elle ne comprendrait pas la possibilité pour l'Iran de développer des activités du cycle du combustible.

24 juin 2005. L'ultra-conservateur Mahmoud Ahmadinejad est élu président de l'Iran avec 61,69 % des voix et un taux de participation de 59 % des électeurs inscrits selon les sources officielles iraniennes.

29 juin 2005. Publication de l'*executive order* américain sur le gel des avoirs d'entités contribuant à la prolifération des armes de destruction massive.

23 juillet 2004. Hassan Rohani déclare que les pourparlers avec les Européens ont permis de gagner du temps et de faire des progrès importants dans des secteurs clefs. En outre, il affirme que le nombre de centrifugeuses opérationnelles en Iran « est considérable », alors que l'AIEA ne connaît que 164 centrifugeuses assemblées (le pilote de Natanz).

27 juillet 2005. Téhéran affirme, quelques jours avant l'intronisation du nouveau président, qu'il reprendra ses activités de conversion, avec ou sans l'accord des Européens.

31 juillet 2005. Lettre de Hassan Rohani au président Khatami présentant le bilan de son action dans le domaine nucléaire. Il y annonce que l'Iran aborde la dernière phase du plan. La production d'une quantité suffisante d'UF6 peut en effet permettre de produire rapidement les matières fissiles nécessaires aux armes.

1ᵉʳ août 2005. L'Iran fait connaître son intention de reprendre les activités de conversion de l'usine d'Ispahan et adresse à l'Agence internationale de l'énergie atomique une note verbale l'informant de sa décision. Cette note demande à l'Agence de procéder aux opérations nécessaires pour permettre cette reprise d'activités (il s'agit de la présence d'inspecteurs pour le bris des scellés posés par l'AIEA sur les installations de cette usine couvertes par la suspension). Le même jour, un des principaux négociateurs, M. Moussavian, déclare que « le jeu est terminé » (« the game is over »).

2 août 2005. Réponse des trois Européens à Hassan Rohani, annonçant la tenue d'un conseil extraordinaire des gouverneurs de l'AIEA dans la semaine du 8 août, pour répondre à la décision iranienne.

3 août 2005. Discours de confirmation du président iranien, où il est indiqué que « les armes de destruction massive des impérialistes doivent être détruites ».

8 août 2005. L'Iran reprend ses activités de conversion de l'uranium à Ispahan après l'installation de caméras par l'AIEA, menée tambour battant à la demande des Iraniens.

9 août 2005. Le conseil des gouverneurs de l'AIEA adopte par consensus une résolution très faible, demandant à l'Iran de revenir à la suspension de ses activités de conversion, et fixant au 3 septembre la présentation au conseil d'un rapport complet de l'AIEA sur la mise en œuvre des garanties. Aucune mesure n'est prévue si l'Iran n'obtempère pas.

14 août 2005. Formation du nouveau gouvernement iranien : confirmation de la tendance ultra-conservatrice et rappel de la volonté iranienne de poursuivre son programme nucléaire.

24 août 2005. Le Parlement iranien refuse sa confiance à quatre ministres, dont celui du pétrole, qui assurait l'intérim de la municipalité de Téhéran.

25 août 2005. Le nouveau négociateur iranien, Ali Larijani, déclare vouloir ouvrir la discussion à d'autres acteurs que les trois Européens.

29 août 2005. Lors de la Conférence des Ambassadeurs, le président de la République rappelle que l'Iran risque de ne laisser d'autre choix aux Européens que la transmission du dossier au Conseil de sécurité.

2 septembre 2005. Rapport de l'AIEA sur la mise en œuvre des garanties en Iran. Le texte rappelle l'ensemble des violations passées (non-déclaration d'importation et de transformation de matières nucléaires, non-déclaration de sites nucléaires, notamment l'atelier de Kalaye Electric qui avait abrité le pilote d'enrichissement et celui de Lashkar Abad qui avait abrité le pilote d'enrichissement par laser, non-déclaration des tunnels destinés à accueillir les produits de la conversion à Ispahan, non-déclaration d'expériences relatives au plutonium au-delà de 1993, absence d'informations satisfaisantes concernant l'offre pakistanaise de 1987, ou les activités liées aux centrifugeuses de type P2, dont les plans avaient été acquis auprès du Pakistan en 1994-1995).

14-16 septembre 2005. Sommet sur la réforme de l'ONU à New York. Discours du président Ahmadinejad réaffirmant le droit de l'Iran à développer les activités du cycle du combustible et proposant d'élargir la négociation à d'autres partenaires, dont la Chine et l'Afrique du Sud. Le président affirmera ultérieurement avoir vu une « lumière » pendant son discours.

19 septembre 2005. Réunion du conseil des gouverneurs de l'AIEA. Les Européens font circuler dès le premier jour un projet de résolution demandant le transfert du dossier au Conseil de sécurité.

20 septembre 2005. L'Iran réagit en menaçant de se retirer du TNP et de ne vendre de pétrole qu'aux pays qui le soutiennent.

22 septembre 2005. Les Européens, bien que disposant de la majorité requise au conseil des gouverneurs pour transférer le dossier iranien au Conseil de sécurité, décident de revoir le texte de la résolution qu'ils ont préparée en supprimant toute référence à ce transfert.

16 octobre 2005. Le président Ahmadinejad déclare : « La présence des forces britanniques dans le sud de l'Irak et à la frontière iranienne est une cause d'insécurité pour les Irakiens et les Iraniens. Nous soupçonnons fortement les forces britanniques d'actes terroristes. »

16 octobre 2005. Article du *Sunday Telegraph* dénonçant une coopération balistique russo-iranienne conduite par d'anciens membres des forces armées russes, notamment l'aide au transfert en Iran de technologie nord-coréenne.

19 octobre 2005. Réunion du Groupe des fournisseurs nucléaires (NSG), qui rappelle le principe de suspension des transferts en faveur de l'Iran.

26 octobre 2005. Le président Ahmadinejad, lors d'une conférence à Téhéran sur « un monde sans sionisme », déclare qu'« Israël doit être rayé de la carte ». Réactions internationales indignées, mais aucun ambassadeur n'est rappelé.

27 octobre 2005. L'Iran lance son premier satellite, le Sinah 1, conçu par la firme russe Polyot.

2 novembre 2005. Téhéran annonce le rappel à Téhéran de 40 ambassadeurs et chefs de mission dans les prochains mois.

Parmi eux, les ambassadeurs d'Iran à Londres, Paris, Berlin et Genève.

2 novembre 2005. Reuters annonce une offre russe à l'Iran consistant à produire conjointement en Russie le combustible nécessaire à Boucheir. L'enrichissement se ferait aussi sur le sol russe.

25 décembre 2005. L'Iran rejette la proposition de Moscou de procéder en Russie aux opérations d'enrichissement d'uranium pour donner des garanties sur son programme nucléaire, affirmant n'accepter que les propositions reconnaissant son droit à faire de l'enrichissement sur son sol. Téhéran affirme simultanément n'avoir pas reçu de proposition russe concrète. A la suite de quoi, Moscou rend sa proposition publique pour démontrer son existence.

30 décembre 2005. Revenant sur sa déclaration précédente, l'Iran se déclare prêt à examiner l'offre russe à la suite d'une intervention d'Igor Ivanov, dont le contenu n'est pas dévoilé.

2 janvier 2006. Retour à la case départ : dans une interview télévisée, Ali Larijani, principal négociateur iranien, qualifie la proposition russe de « simple idée, ni structurée, ni mûre, et comportant de sérieux problèmes ».

3 janvier 2006. Téhéran annonce par note verbale à l'AIEA sa décision de reprendre des activités de recherche en matière d'enrichissement.

8 janvier 2006. L'Union européenne appelle l'Iran à ne pas reprendre ses activités d'enrichissement.

10 janvier 2006. Les cinq membres permanents du Conseil de sécurité adressent séparément à Téhéran *via* l'ambassadeur d'Iran à Vienne un message lui enjoignant de ne pas reprendre ses activités d'enrichissement, de coopérer davantage avec l'AIEA, et de reprendre des négociations sérieuses. Réponse de l'ayatollah Khamenei : l'Iran n'abandonnera jamais son programme nucléaire et ne craint pas les sanctions.

10 janvier 2006. L'Iran lève 52 scellés sur les sites de Natanz, Pars Trash et Farayand.

16 janvier 2006. Accord des Cinq sur la démarche en deux temps pour la transmission du dossier au Conseil de sécurité. La première étape ne consisterait qu'en une « information » du Conseil.

19 et 20 janvier 2006. En visite en Syrie, le président Ahmadi-nejad déclare : « Notre position concernant les questions régio-nales est claire : nous rejetons toute ingérence étrangère. » Ces propos s'appliquaient tant au programme nucléaire iranien qu'à la demande de désarmement du Hezbollah et à l'enquête sur le meurtre de Rafic Hariri. Il déclare également : « La Syrie et l'Iran forment un nouveau front contre l'arrogance et la domination. »

21 janvier 2006. Le ministre de la Défense israélien, Shaul Mofaz, déclare que « Israël ne pourra accepter une puissance nucléaire iranienne ».

23 janvier 2006. Des images satellite du site de Natanz, parues sur le site de l'ISIS et reprises par le *Sunday Telegraph*, font apparaître de nouveaux bâtiments.

23-24 janvier 2006. Consultations irano-russes à Moscou. La Russie se dit prête à examiner une participation chinoise au projet de consortium. Quelques jours plus tard, Ali Larijani est à Pékin et dénonce les « insuffisances de la proposition russe ».

4 février 2006. Le conseil des gouverneurs adopte à une forte majorité (27 voix sur 35) une résolution demandant au direc-teur général de l'AIEA de transmettre pour information au Conseil de sécurité tous les rapports et toutes les résolutions ayant trait à l'Iran. Aucune action n'est cependant envisagée avant mars, où le rapport du directeur général de l'AIEA doit être transmis aux gouverneurs.

27 mars 2006. Communiqué de la minorité religieuse des Baha'is de France, divulguant une lettre du Guide Suprême Ali Khamenei au chef d'état-major de l'armée iranienne le 29 octobre 2005, lui demandant d'engager les services de ren-seignement, la police et les Gardiens de la Révolution dans le recensement des membres de la minorité religieuse des Baha'is.

29 mars 2006. Adoption sans vote d'une déclaration présiden-tielle du Conseil de sécurité, après plusieurs semaines de débats. Ce texte donne 30 jours à l'Iran pour se conformer aux demandes de l'AIEA. Il s'agit pour l'Iran en tout premier lieu de « rétablir la suspension complète et durable de toutes les activités liées à l'enrichissement et de retraitement, y compris des activités de recherche-développement ». La réponse de l'Iran ne se fait pas attendre. L'ambassadeur auprès de l'AIEA, M. Soltanieh, déclare à Vienne que «la décision de l'Iran portant sur l'enrichissement, en particulier dans les domaines de la recherche et développement, est irréversible».

30 mars 2006. Le ministre des Affaires étrangères, Manouchehr Mottaki, de passage à Genève, déclare que la saisine du Conseil de sécurité était «tout à fait inacceptable et malvenue».

31 mars-5 avril 2006. Manœuvres militaires iraniennes (baptisées «Grand Prophète») dans le détroit d'Ormuz. Différents missiles ou torpilles sont testés à cette occasion. Le chef des Gardiens de la Révolution, le général Yahia Safavi, déclare le 4 avril que l'Iran pourrait utiliser cette zone stratégique, dans laquelle transitent près de 20 % de la production mondiale de pétrole, pour exercer une pression sur les puissances étrangères. Il appelle au retrait de la Vᵉ flotte américaine stationnée à Bahreïn.

9-10 avril 2006. Des articles de presse parus dans le *New Yorker* (Seymour Hersh) et le *Washington Post* concernant des préparations d'opérations militaires contre l'Iran amènent le président des Etats-Unis à préciser que «la doctrine de prévention consiste à travailler ensemble pour empêcher les Iraniens d'acquérir l'arme nucléaire... Cela ne signifie pas nécessairement la force. Dans ce cas, cela veut dire utiliser la diplomatie». Conformément à la position constante des Etats-Unis, aucune option n'est exclue, même si la diplomatie est privilégiée.

10 avril 2006. Javier Solana déclare que l'Union européenne «devait commencer à envisager la possibilité de sanctions contre l'Iran».

11 avril 2006. Le vice-président iranien et directeur de l'Organisation de l'énergie atomique iranienne (OEAI), Gholam Reza Aghazadeh, déclare, en présence du président Ahmadinejad, que le 9 avril, l'Iran a réussi à enrichir de l'uranium à 3,5 %. Le président iranien annonce, à cette occasion, que l'Iran est entré «dans le groupe des pays détenteurs de la technologie nucléaire». L'annonce va à l'encontre des demandes de l'AIEA et du Conseil de sécurité. Quelques jours plus tard seulement, Mahmoud Ahmadinejad déclarait que des recherches étaient en cours sur des centrifugeuses de deuxième génération, un des sujets sur lesquels l'AIEA demande des explications à Téhéran depuis plusieurs années.

14 avril 2006. De nouvelles photos satellite indiquent que l'Iran a agrandi le site d'Ispahan et renforcé les défenses de l'usine de Natanz.

18 avril 2006. Réunion à Moscou des directeurs politiques des cinq membres permanents du Conseil de sécurité et de l'Allemagne. Aucun accord n'est obtenu sur la question des sanctions.

19 avril 2006. Dans un entretien au journal égyptien *Al Ahram*, le président Chirac indique que « la perspective d'un Iran militairement nucléarisé est inacceptable », ajoutant que « l'Iran poursuit (aussi) un programme de missiles inquiétant ».

25 avril 2006. Lors de la visite du président soudanais Omar al-Bashir, le Guide Suprême Ali Khamenei déclare que l'Iran est prêt à transférer son expérience et sa technologie nucléaire à d'autres pays.

28 avril 2006. Le rapport du directeur général de l'AIEA indique que l'Iran n'a mis en œuvre aucune des mesures demandées par le Conseil de sécurité, et que dans deux domaines au moins (centrifugeuses P2 et plutonium) la situation s'est encore détériorée.

2 mai 2006. Réunion des directeurs politiques des cinq membres permanents du Conseil de sécurité et de l'Allemagne. Malgré le rapport très négatif de l'Agence et les déclarations russes selon lesquelles l'enrichissement serait une ligne rouge, la situation n'évolue toujours pas sur la question du chapitre VII ou des sanctions.

29 mai 2006. Dans une interview publiée dans le magazine allemand *Der Spiegel*, Mahmoud Ahmadinejad demande la mise en place d'une enquête « indépendante » sur l'Holocauste.

31 mai 2006. Le secrétaire d'Etat américain annonce que les Etats-Unis sont prêts à prendre part à des négociations avec l'Iran si Téhéran suspend ses activités d'enrichissement et de retraitement, comme le demande l'AIEA et le Conseil de sécurité.

1er juin 2006. Les Etats-Unis, la France, le Royaume-Uni, l'Allemagne, la Chine, La Russie font une nouvelle offre à l'Iran, qui sera présentée à Téhéran par Javier Solana le 6 juin. Ce même jour, les activités reprennent à Ispahan et Natanz.

12 juin 2006. Rapport de l'AIEA constatant une absence de progrès sur les questions en suspens. En outre, l'Iran loin de suspendre ses activités a repris des campagnes de conversion et d'enrichissement et des traces d'uranium enrichi ont été trouvées sur le site de Lavizan.

11 juillet 2006. Entretien à Bruxelles de Javier Solana avec une délégation iranienne conduite par Ali Larijani. Le représentant permanent de la PESC attendait une réponse à la proposition présentée le 6 juin. Il n'en a rien été. L'entretien s'est conclu sur un constat d'échec.

12 juillet 2006. Les ministres des Affaires étrangères des cinq membres permanents du Conseil de sécurité et de l'Allemagne adoptent une déclaration commune où ils décident le renvoi du dossier iranien au Conseil de sécurité pour rendre la suspension obligatoire.

12 juillet 2006. Un raid du Hezbollah à la frontière libano-israélienne tue huit soldats israéliens et en blesse deux autres, ouvrant une crise régionale de grande ampleur et bientôt un conflit ouvert entre Israël et le Hezbollah. L'Iran est soupçonné d'avoir lancé les opérations.

19 juillet 2006. Le Conseil de sécurité commence l'examen d'une résolution contraignante pour l'Iran.

20 juillet 2006. Ali Larijani déclare qu'une partie du combustible nécessaire pour la centrale de Boucheir sera produite en Iran, affirmant ainsi une fois de plus le refus de Téhéran de se plier aux demandes du Conseil de sécurité.

30 juillet 2006. Résolution 1696 du Conseil de sécurité imposant une suspension des activités d'enrichissement et de retraitement de l'Iran dans un délai maximum de 30 jours. Une seule voix contre : le Qatar.

22 août 2006. Le gouvernement iranien, ignorant la résolution 1696, refuse les conditions des six pays pour l'ouverture de négociations, et fait de nouvelles propositions, qui ne sont pas rendues publiques en raison notamment de ce refus.

Octobre-novembre 2006. Discussions à New York d'une nouvelle résolution comportant une première série de sanctions. Obstruction russe et chinoise.

Novembre 2006. Nouvelles manœuvres dans le Golfe et dans la mer d'Oman (Grand Prophète II). Les autorités militaires iraniennes indiquent que toute la région est désormais à portée de leurs missiles.

Novembre 2006. L'Assemblée générale des Nations unies publie un rapport sur les droits de l'homme en Iran où elle exprime sa profonde inquiétude sur la persistance des actes de harcèlement, d'intimidation et de persécution visant «des défenseurs des droits de l'homme, des opposants politiques, des dissidents religieux, des réformistes politiques, des journalistes, des parlementaires, des syndicalistes, des étudiants, des religieux et des universitaires».

15 novembre 2006. Un article du journal *Le Monde* affirme que Téhéran chercherait à placer ses hommes au sein du réseau Al-Qaida. Les autorités iraniennes voudraient notamment que Saif el-Adel, qui a passé plusieurs années à Téhéran, soit promu au poste de numéro 3 de l'organisation terroriste.

16 novembre 2006. Le président Ahmadinejad annonce que l'Iran franchira bientôt « la dernière étape » de son pouvoir atomique, sans apporter de précision sur la nature exacte de cette étape.

22 novembre 2006. Le conseil des gouverneurs de l'AIEA décide de n'accorder aucune aide à la sûreté du réacteur d'Arak.

9 décembre 2006. Le président Ahmadinejad annonce l'installation prochaine de 3 000 centrifugeuses, «première étape vers une production industrielle».

11 décembre 2006. Le centre de recherche iranien IPIS organise à Téhéran une conférence sur l'Holocauste qui provoque de nombreuses protestations internationales et la décision d'une cinquantaine de directeurs de centres de recherche étrangers de rompre leurs relations avec l'IPIS. A cette occasion, le président iranien redit que « les jours d'Israël sont comptés ».

13 décembre 2006. Le Conseil européen dénonce « l'impact négatif » de l'Iran au Moyen-Orient.

21 décembre 2006. Proclamation des résultats des élections municipales et des élections à l'Assemblée des experts après près d'une semaine d'attente et des démarches de plusieurs personnalités auprès du Guide Suprême. Nette défaite des partisans du président Ahmadinejad. Hachemi Rafsandjani voit son pouvoir conforté.

23 décembre 2006. Adoption à l'unanimité de la résolution 1737 du Conseil de sécurité qui impose de faibles sanctions à l'Iran.

24 décembre 2006. Mahmoud Ahmadinejad refuse à nouveau de se plier aux exigences du Conseil, avec la virulence dont il a toujours fait preuve.

20 janvier 2007. Téhéran décide de ne plus autoriser 38 inspecteurs de l'AIEA à se rendre en Iran.

24 janvier 2007. Les autorités iraniennes annoncent avoir reçu des systèmes de défense antimissiles aériens d'origine russe pour défendre les sites nucléaires.

24 janvier 2007. La Corée du Nord aiderait l'Iran à préparer un essai nucléaire selon le *Daily Telegraph*.

26 janvier 2007. L'ONU condamne le déni de l'Holocauste lors d'une résolution adoptée à l'unanimité.

11 février 2007. A l'occasion de l'anniversaire de la révolution islamique, Mahmoud Ahmadinejad réitère son refus de la suspension des activités d'enrichissement et de retraitement visées par la résolution 1737 et reporte au 9 avril les annonces nucléaires.

14 février 2007. Le ministre des Affaires étrangères russe, Serguei Davrov, appelle les Etats-Unis à se montrer aussi « flexibles » avec l'Iran qu'avec la Corée du Nord.

22 février 2007. Le rapport de l'AIEA constate la non-mise en œuvre de la résolution 1737.

APPEL AUX DIRIGEANTS EUROPÉENS
Novembre 2006

Au nom de notre attachement à la démocratie, à ses valeurs, aux libertés qu'elle garantit, au respect des règles de droit qui la fondent, nous exhortons les dirigeants européens à faire face au danger que font peser sur le monde les dirigeants iraniens, leur volonté de se doter de l'arme nucléaire et de « rayer Israël de la carte ».

En tant que citoyens soucieux de l'avenir de l'Europe autant que de l'avenir du Proche-Orient, nous les appelons à :

— refuser les violations du droit international et du Traité de non-prolifération des armes nucléaires, signé par l'Iran ;

— tirer les conséquences du marché de dupes de négociations reconduites indéfiniment, sans résultat ;

— demander à l'ONU qu'elle fasse respecter sa Charte interdisant à tout Etat membre l'incitation à la haine et l'appel à la destruction d'un autre Etat membre, faute de quoi l'ONU perdrait toute légitimité ;

— dénoncer les thèses négationnistes sans cesse réaffirmées par les dirigeants iraniens ;

— combattre le financement de mouvements terroristes par le régime iranien.

Nous lançons cet appel aux dirigeants européens, à qui incombe, au nom de leurs peuples, la responsabilité historique de faire obstacle au retour de la barbarie.

HENRI ATLAN, biologiste
MONIQUE ATLAN, journaliste
PAUL AUDI, philosophe
MARC AUGÉ, anthropologue
HENRI BERESTYCKI, mathématicien (EHESS)
FABRICE CHICHE, responsable associatif
CLAUDE COHEN-TANNOUDJI, prix Nobel de physique
CHRISTIAN DELACAMPAGNE, philosophe
THÉRÈSE DELPECH, chercheur
ROGER-POL DROIT, philosophe, chercheur CNRS
SOPHIE DULAC, chef d'entreprise
ERHARD FRIEDBERG, sociologue (CNRS, Sciences-Po)
GÉRARD GAROUSTE, peintre
ANDRÉ GLUCKSMANN, philosophe
ANDRÉ GREEN, psychanalyste
LITZA GUTTIERRES-GREEN, psychanalyste
BERNARD-HENRI LÉVY, écrivain, philosophe
FRANÇOIS RACHLINE, écrivain, économiste (Sciences-Po)
EZRA SULEIMAN, professeur de sciences politiques à Princeton
ÉLIE WIESEL, écrivain, prix Nobel de la paix

Pour vous joindre à notre rassemblement :
appelauxdirigeantseuropeens@yahoo.fr

***

IRAN :
Déclaration en 8 points des signataires de l'Appel aux dirigeants européens
14 décembre 2006

Les signataires récusent les menaces répétées de M. Ahmadinejad à l'égard des Européens et des puissances occidentales tout autant que l'initiative d'une pseudo-conférence indécente sur l'Holocauste à Téhéran.

Afin d'éviter le pire, les signataires de l'Appel aux dirigeants européens appellent à la mise en œuvre immédiate de sanctions occidentales efficaces par des gouvernements responsables et lucides :

1. L'adoption d'un accord international afin d'opposer un refus absolu à toute réception de M. Ahmadinejad dans un pays étranger.

2. Un embargo effectif sur les ventes d'armes à l'Iran.

3. Un appel aux entreprises françaises afin qu'elles cessent d'investir en Iran.

4. Un embargo sur les produits raffinés du pétrole à destination de l'Iran.

5. Un embargo sur tout investissement dans les infrastructures pétrolières et gazières iraniennes.

6. Un embargo sur les transferts de technologie dans les domaines nucléaire et balistique ainsi qu'un gel des transactions financières qui s'y rapportent.

7. Un renforcement réel des pouvoirs des inspecteurs internationaux de l'AIEA sur le territoire iranien.

8. Le rappel concerté des ambassadeurs en poste en Iran pour protester contre les thèses négationnistes ouvertement professées par le régime iranien.